NOS PLACES ASSIÉGÉES

PAR

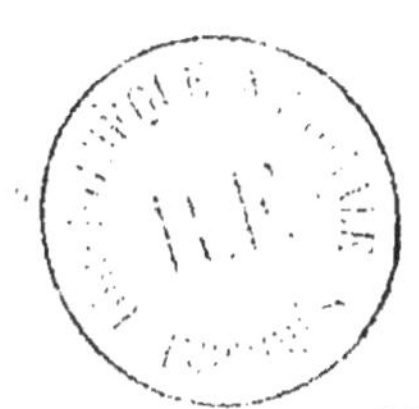

Marcel POULLIN

> Vitry-le-François. — Laon. — Toul.
> — Soissons. — Verdun. — La Fère.
> — Amiens. — Montmédy. — Méziè-
> res. — Guise. — Rocroi. — Péronne.
> — Longwy. — Landrecies. — Belfort.

PARIS

LIBRAIRIE BLOUD ET BARRAL

4, RUE MADAME, ET RUE DE RENNES, 59

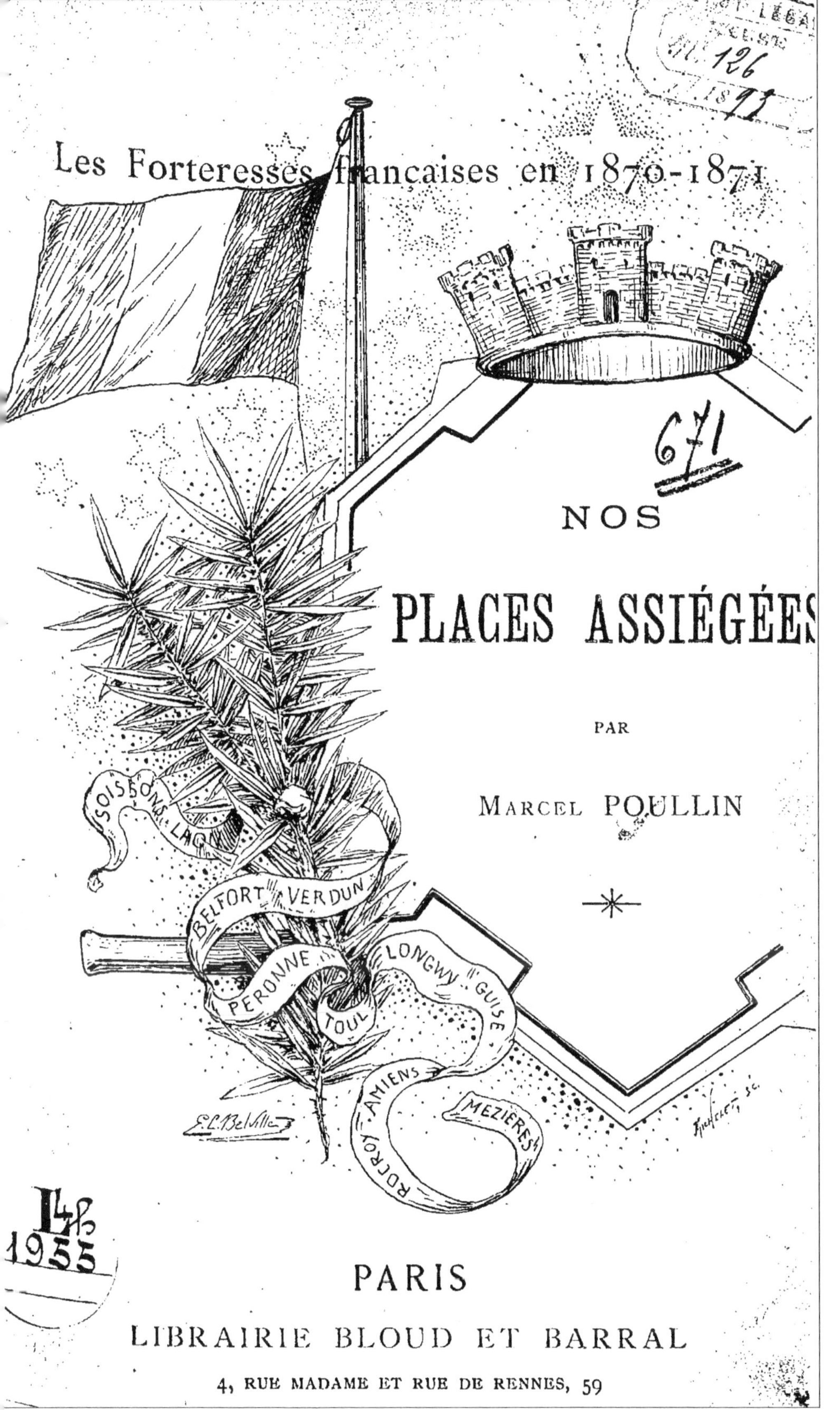

Les Forteresses françaises en 1870-1871
NOS
PLACES ASSIÉGÉES
PAR
MARCEL POULLIN
SOISSONS LAON
BELFORT VERDUN
PÉRONNE
TOUL
LONGWY GUISE
AMIENS
ROCROY
MÉZIÈRES
E.C. Belville
PARIS
LIBRAIRIE BLOUD ET BARRAL
4, RUE MADAME ET RUE DE RENNES, 59

NOS PLACES ASSIÉGÉES

AU LECTEUR

Dans les deux volumes parus précédemment, sous le titre : *Nos places perdues d'Alsace-Lorraine,* nous avons placé sous les yeux du lecteur le récit de la patriotique résistance et de la douloureuse agonie de ces forteresses alsaciennes et lorraines, fiers boulevards de la France depuis des siècles, qu'un implacable destin en a si implacablement séparés.....

Nous continuons aujourd'hui la série des *Forteresses françaises en 1870-71* par ce troisième volume, qui, sous le titre : *Nos places assiégées,* expose les événements auxquels se sont trouvées mêlées les différentes places de l'intérieur du pays qui, à l'Est comme au Nord, ont eu à subir l'attaque ou seulement le contact des armées allemandes.

Ces récits, nous l'avons dit déjà, n'ont aucune prétention technique ; mais ils ont deux mérites indéniables : ceux de la fidélité et de l'impartialité, dont l'auteur a eu surtout à cœur de ne se jamais départir.

Puisse-t-il atteindre le but qu'il poursuit en écrivant ces pages :

Faire aimer davantage notre chère patrie, en faisant mieux connaître ses malheurs !

MARCEL POULLIN.

VITRY-LE-FRANÇOIS

I

En 1870, la garnison de Vitry-le-François se composait du 4ᵉ bataillon d'infanterie et de la 1ʳᵉ batterie d'artillerie des mobiles de la Marne. Le commandant du bataillon et la plupart des capitaines sortaient de l'armée ; cinq de ces derniers, détachés du 65ᵉ de ligne, se trouvaient même encore en activité de service. L'artillerie était sous les ordres du commandant *Michaut,* homme d'un désintéressement et d'un patriotisme rares, qui n'avait pas hésité à redevenir simple capitaine, dans le but de servir son pays, auquel il avait cependant déjà donné la plus belle partie de son existence.

Du 15 au 20 août, l'infanterie reçut des fusils à tabatière, et l'artillerie des carabines de même système. Le bataillon était fort d'environ un millier d'hommes ; la batterie en comptait 137. Le temps ne permit pas d'habiller ces troupes, ce qui devint plus tard, pour elles, la cause de grands périls et de cruels traitements. Les soldats n'eurent, comme signe distinctif, qu'une simple cocarde tricolore, et les brigadiers, caporaux et sous-officiers, la même cocarde ornée d'un filet rouge ou doré, suivant le grade. Les officiers seuls portaient l'uniforme.

Le 11 août, le chef d'escadrons *Turquem*, du 10e d'artillerie, prit le commandement supérieur de la place, dont il devait organiser la défense. Il fit armer les remparts, construire des abris et des magasins à poudre, ainsi que des plates-formes et des embrasures ; puis sauter le pont du chemin de fer : dès lors, Vitry se trouva isolé du reste de la France. 30 servants du 2e d'artillerie, amenés par le lieutenant *Rageot*, apprirent aux artilleurs les manœuvres du canon. On invita les habitants à s'approvisionner et à prendre toutes les mesures nécessaires, en prévision d'un siège plus ou moins long. Des patrouilles parcouraient la petite ville en tous sens, et un poste commandé par un officier en garda les portes.

L'armement de la place se composait de 4 pièces de 4 rayées de campagne, de 4 mortiers de 16, de canons à âme lisse de 8 et de 16, et d'obusiers de 12 ; la plupart des affûts étaient en mauvais état, et il fallut improviser des artificiers pour charger les projectiles.

Les fortifications de Vitry consistent en une enceinte continue reliant dix bastions ; c'est une de ces petites places que le génie militaire qualifie « déclassées », mais qui sont en réalité de véritables « nids à bombes. » Les grands arbres ombrageant les contre-escarpes (qui, en temps de paix, faisaient les délices des promeneurs) furent impitoyablement abattus ; on brûla des monceaux de planches et de bois de construction qui encombraient les abords, et dont l'ennemi eût pu faire des radeaux.

Dans la journée du 17 août, le passage des troupes du général de Failly impressionna péniblement les habitants ; le délabrement de ces soldats, leur mine fatiguée suggéraient de bien tristes réflexions et faisaient envisager l'avenir sous les couleurs les plus sombres. Ils repartirent le lendemain pour le camp de Châlons.

Les 19, 20 et 21, le commandant Turquem crut de son devoir d'informer le Ministre de la guerre de la situation précaire de la place, et de l'impossibilité où il se trouvait de pouvoir résister avec les éléments dont il disposait. Le Ministre répondit, le 21, « qu'en pré-« sence de la situation, il prescrivait, à nouveau, si « Vitry devait être attaqué, de faire sauter le pont « du chemin de fer (c'était déjà fait) et de réunir le « bataillon de mobiles à l'armée française. » En même temps, un renfort de 400 hommes de troupes était annoncé ; il n'arriva jamais, et cependant, l'ennemi approchait rapidement.

En effet, le 20 août, les Allemands apprenaient par les patrouilles d'avant-garde que les Français, se retirant des environs de Saint-Dizier, se portaient sur Vitry. L'ennemi se mit dès lors en marche sur cette dernière place. Un peloton du 5ᵉ régiment de dragons prussiens enleva même, le lendemain, dans le voisinage, quelques prisonniers appartenant au 5ᵉ corps (général de Failly). Le 22, les troupes allemandes arrivaient à Outrepont, près de Vitry.

Un parlementaire, disent les relations prussiennes, envoyé pour sommer la place de se rendre, fut accueilli à coups de fusil, et ne put s'acquitter de sa mission. Mais ce parlementaire, paraît-il, n'était autre qu'un uhlan qui s'aventura jusqu'aux portes de la ville, sans aucun indice attestant son caractère.

On était au 24 août, et le renfort annoncé n'arrivait point. Le commandant Turquem savait la lutte impossible, dans les conditions défavorables où il se trouvait; résister, c'était vouer inutilement à la mort la garnison et les habitants, tout en exposant la petite ville à une destruction complète. Mais il hésitait encore à prendre une détermination définitive.

Sur ces entrefaites, on apprit que l'ennemi se proposait de bombarder Vitry, si les portes ne lui étaient pas ouvertes ; une domestique alsacienne avait donné ce renseignement d'après une conversation d'officiers allemands tenue dans l'auberge où elle servait. Une reconnaissance envoyée par la place confirma la présence des Allemands aux environs de la ville.

Le commandant Turquem jugea utile d'informer la municipalité de cet événement ; il engagea, en même temps, les autorités civiles à encourager la population à une résistance opiniâtre.

Le Conseil municipal, réuni pour prendre connaissance de la communication faite par le commandant, décida que, en raison de l'insuffisance de l'instruction militaire de la garde nationale sédentaire et de la garde mobile, ainsi que du manque de forces militai-« res, il n'y avait pas lieu de faire à la population et « à la garde nationale l'appel patriotique réclamé par « M. le commandant de place. » Il constata, en outre, que la résistance dans les conditions où l'on se trouvait « serait vaine et ne profiterait d'ailleurs à aucun « intérêt public. » Le Conseil de défense, convoqué dans la soirée, après examen de cette décision, pria le Maire de réunir à nouveau le Conseil municipal, afin de savoir de la façon la plus formelle « quel appui « et quel soutien on pouvait espérer, soit de la popu-« lation, soit de la garde nationale. » La réponse fut catégorique et définitive : nul appui, nul soutien. Il ne restait dès lors au commandant qu'à recueillir l'avis des membres présents du Conseil de défense ; il le fit, et conclut à une évacuation immédiate.

Cette solution, conforme, du reste, aux instructions du Ministre de la guerre, semblait la seule raisonnable. Les travaux de défense étaient insuffisants ; l'ennemi investissait la place, qui n'avait pas de vrais soldats à lui opposer ; les maisons, bâties généralement en bois, ne pouvaient supporter un bombardement ; la ville eût été réduite en cendres, sans arrêter les Prussiens dans leur marche offensive.

L'attaque étant ainsi imminente, il ne restait qu'une seule question à trancher : de quel côté l'évacuation aurait-elle lieu ? Après une longue discussion, l'autorité militaire adopta la direction de l'Argonne. Une reconnaissance, exécutée par le sous-lieutenant *Chamisse,* d'après les ordres du commandant *Duval,* confirma les rapports faits jusqu'alors, rapports — disons-le — qui avaient motivé la décision du Conseil de défense.

Tous les postes furent ralliés ; les hommes ne conservaient, en fait d'armes, que leur fusil et chacun douze cartouches ; on dut abandonner le matériel roulant, faute de harnais d'attelage et de conducteurs. Les troupes qui évacuèrent la ville formaient un effectif de 1.500 hommes, dont 1.200 gardes mobiles, parmi lesquels 104 sous-officiers et caporaux. Avec la garnison partit le receveur des finances, M. de Courson, emportant environ 50.000 francs. La garde nationale, qui, dès lors, constituait la seule garnison de Vitry, cacha ou détruisit ses armes, encloua ou jeta les canons dans les fossés, et noya les poudres.

Peu de temps après le départ de nos troupes, les Prussiens arrivèrent aux portes de la ville ; un lieutenant de uhlans vint en parlementaire, et fut reçu par quelques gardes nationaux qui avaient conservé leurs armes. Conduit, les yeux bandés, à l'Hôtel-de-Ville, où le Conseil municipal était en séance, il se borna à demander qu'on laissât passer, sans l'inquiéter, le 11° corps prussien, ce qui fut accordé. Du reste, il eût été bien difficile d'agir autrement.

Un juif, nommé *Sommer,* fut arrêté à ce moment, sous la prévention d'espionnage ; il ne put se soustraire à la colère de la population que grâce à la bienveillance des gardes nationaux qui l'emprisonnèrent; quelques jours plus tard, les Allemands le laissèrent partir.

Les habitants de Vitry espérèrent un moment que l'ennemi se contenterait de tourner la place sans y entrer; mais leur espoir fut déçu. Vers dix heures, un nouveau parlementaire se présenta ; c'était un officier supérieur de hussards, suivi d'un aide de camp et d'un trompette. Tous trois ayant été conduits à l'Hôtel-de-Ville, l'officier allemand expliqua que le lieutenant venu le matin s'était mal acquitté de sa mission (il parlait, en effet, le français très difficilement) et que les troupes prussiennes entreraient à Vitry. En même temps, il somma le Conseil municipal d'ouvrir les portes, sous peine d'un bombardement immédiat, et donna dix minutes pour réfléchir et lui rendre réponse. Lorsqu'on lui fit connaître la décision prise, il dit aux autorités : « Je vous félicite de votre réso-
« lution ; car, si elle eût été contraire, il y a là, sur les
« collines voisines, deux cents pièces de canon qui ont
« ordre de tirer sur la ville, chacune deux coups,
« aussitôt mon retour, et en cas de résistance de
« votre part. »

A onze heures et demie, un escadron de dragons prussiens entrait à Vitry, par la porte du Pont, en chantant l'air national « *Die Wacht am Rhein.....* » Puis, entre cinq et six heures du soir, douze à quinze cents hommes de toutes armes arrivaient; les uns, traversant seulement la ville, pour aller occuper les villages voisins ; les autres se répandant par les rues, pour prendre garnison dans la ville, qui allait rester aux mains de l'ennemi pendant plus de deux ans.

II

La ferme de la Basse. — Mort du major von Friesen et du sous-lieutenant Lorette. — Scènes atroces. — Passavant. — Le massacre. — Le Maire et sa fille. — Prisonniers non-mobiles. — Courage et dévouement des habitants de Passavant. — Le chemin de l'exil. — Le cimetière de Glogau. — Dévouement du commandant Duval. — Les souvenirs. — Proclamation du roi Guillaume.

La garnison française sortie de Vitry poursuivit sa route, sans autre incident à noter, jusqu'à deux kilomètres du village d'Epense, lorsque tout à coup les mobiles aperçurent à l'horizon d'épais nuages de poussière, au milieu desquels apparut une masse noire en mouvement. C'était la cavalerie prussienne, dont on distingua bientôt les éclaireurs. Le commandant *Duval* dispose aussitôt une centaine d'hommes en tirailleurs ; mais leurs armes ne peuvent atteindre l'ennemi. Les cavaliers allemands vont alors chercher des renforts.

A ce moment, un grand nombre de mobiles affolés se dérobèrent par des chemins détournés ; les autres, sous la conduite de leurs officiers, se rallièrent autour d'une ferme appelée *La Basse,* entourée de haies, de plantations diverses, d'un bois de peu d'étendue et d'un petit étang auprès duquel se trouve une carrière. L'artillerie allemande, installée, dirigea aussitôt son tir sur la ferme où étaient embusqués les mobiles. A la première décharge, beaucoup, éperdus et effrayés, s'enfuirent encore. Un certain nombre résistèrent cependant avec courage.

Pendant le combat, le major *von Friesen,* allié à la famille royale de Prusse, et fort bien en cour, fut tué. Cette mort exaspéra les Prussiens. Nos mobiles continuaient à se défendre bravement, encouragés par l'exemple des canonniers qui, plus aguerris, visaient avec sang-froid. Mais ils faiblirent bientôt sous le nombre de leurs ennemis, et durent céder.

C'est alors que se produisirent des scènes de carnage vraiment atroces. Les Prussiens, en présence de ces hommes sans uniforme, feignirent de les prendre pour des francs-tireurs, et cependant aucun d'eux n'ignorait qu'il avait affaire à la garnison sortie le jour même de Vitry. Ils accablèrent ces malheureux de coups de baïonnette, de sabre et de pistolet, et les auraient assurément tous passé par les armes, sans l'énergie surhumaine du commandant Duval, auquel, malgré tout, ils ne ménagèrent ni les injures les plus grossières, ni les traitements les plus cruels, ainsi qu'aux autres officiers de la garnison. Le sous-lieutenant français *Lorette* fut même frappé mortellement d'un coup de lance à la tête.

Les prisonniers faits dans cette sanglante escarmouche de la Basse furent dirigés sur *Passavant,* bourg du canton de Sainte-Menehould. Passavant était alors occupé par le 3ᵉ dragons de la garde royale prussienne. Parmi les prisonniers se trouvaient plusieurs jeunes gens du bourg et des alentours. Partis 1.500 de Vitry, ils étaient réduits à 800 ; beaucoup avaient pu s'enfuir. Mourant de faim et de soif, ces infortunés ne purent profiter des provisions que leur apportaient leurs compatriotes, leurs parents ou leurs amis ; les Prussiens repoussaient à coups de plat de sabre les charitables habitants, et prenaient tout pour eux. Nos pauvres soldats, plus morts que vifs, se tenaient par le bras, afin de pouvoir continuer la marche, car les retardataires étaient cruellement maltraités.

Aux dernières maisons du village, un mobile, cédant à une soif intolérable, s'élança vivement vers une pierre à puits sur le bord de la route ; un soudard prussien déchargea sur lui son fusil presque à bout portant. Ce fut le signal d'un désarroi qui, à un second coup de feu, se changea en une débandade complète. Nos malheureux soldats, pensant qu'on voulait les massacrer, s'enfuirent dans toutes les directions. Ivres de fureur, les Prussiens s'élancèrent à leur poursuite, s'acharnant comme des fauves sur tous ceux qu'ils atteignirent. Sans armes et sans défense, les mobiles furent massacrés par la cavalerie répandue dans les vignes, dans les vergers et sur les sentiers de la forêt. On entendait de toutes parts les cris des blessés, les râles des mourants, mêlés au bruit du galop des chevaux, des coups de feu et des hourrahs furieux des bourreaux. Les officiers français furent maltraités par ces monstres à face humaine : on leur cracha au visage ; on leur déchira les vêtements ; vingt fois on leur mit le revolver sous la gorge. Ceux des nôtres qui n'avaient pas tenté de s'évader durent subir des traitements non moins odieux. Les Prussiens fouillèrent ensuite le village pour assouvir leur haine sur les malheureux qui pouvaient y avoir cherché un refuge. Le massacre n'aurait pris fin qu'après l'assassinat du dernier mobile si quelques hommes énergiques, s'exposant généreusement aux premiers coups, n'avaient réussi à prouver, par la production de leur feuille de route, qu'ils appartenaient bien aux troupes régulières de l'armée française.

Le maire, M. *Boiet,* ceignit son écharpe à la hâte et, malgré le danger, essaya vainement de parlementer avec l'ennemi, afin d'arrêter l'effusion du sang ; il fut contraint de rentrer chez lui, pour échapper à la fureur de ces bandits. Sa fille, qui implorait leur pitié envers ses malheureux compatriotes, fut lâchement souffletée.

Ces faits honteux et indignes d'une nation civilisée ont été attestés par les personnes les plus honorables, et les Allemands n'en purent nier l'authenticité.

Mais là ne s'arrêta pas leur infâme conduite ; ils firent six prisonniers parmi les habitants du village, hommes mariés pour la plupart, sauf un jeune homme de dix-sept ans ; et ce fut seulement le 13 décembre, après une longue captivité, qu'ils purent obtenir d'être renvoyés dans leurs foyers ; l'un d'eux, *Célestin Maheux,* mourut le jour même où il allait être rendu à la liberté.

Comme nous, le lecteur est attristé de cet affreux et douloureux spectacle.

Relatons en quelques mots les actes de dévouement auxquels donna lieu l'horrible drame de Passavant.

Le lieutenant *Henriet* releva dans la mêlée le capitaine *Charvais*, blessé, et qui put lui glisser entre les mains un sac contenant l'argent de sa compagnie ; le sergent *Laurent* retira de dessous les pieds des chevaux le capitaine *Dautry*, atteint lui aussi d'un coup de feu, le chargea sur ses épaules et le porta dans un champ de luzerne, où étaient déjà étendus de nombreux blessés ; le sous-lieutenant *Charles*, le maréchal des logis *Aubry*, le sergent *Rogerat*, le fourrier *Ecoutin* et le volontaire *de Thélin* se battirent vaillamment.

L'instituteur, M. *Paquet*, gardé à vue à la mairie pendant ces massacres, s'occupa avec la plus grande activité de secourir les blessés ; il put même empêcher le départ de quelques habitants de la localité que les Prussiens emmenaient comme mobiles. Les religieuses qui dirigeaient l'école des filles, ayant à leur tête la sœur *Saint-Justin*, montrèrent également le plus grand zèle pour soigner les malheureuses victimes de cet horrible drame. Elles furent activement secondées par deux jeunes filles du pays, aujourd'hui mariées, Mme *Bistor* et Mme *François Collard*, qui partagèrent la touchante abnégation des religieuses.

L'abbé *Mauclert*, vénérable vieillard de soixante-dix ans, allait de maison en maison, donnant à tous des paroles de consolation, aidé dans sa noble mission par deux élèves du grand séminaire, l'abbé *Marcel Collinet* et l'abbé *Fave*. M. *Dalbavie,* médecin à Passavant, soigna avec un dévouement remarquable ses infortunés compatriotes.

Craignant d'être surpris par l'armée française, les Prussiens quittèrent le bourg dans la journée du 26 août. Les mobiles survivants continuèrent leur pénible voyage, toujours en butte aux sarcasmes et aux mauvais traitements de leurs gardiens inhumains. On les entassa dans des wagons à bestiaux, où ils étaient obligés de se tenir debout, et ils arrivèrent, après bien des misères, à Glogau (1), leur destination définitive.

La population les accueillit avec les sentiments les plus hostiles. Décimés par la dyssenterie et la petite vérole, en proie au désespoir, à la nostalgie, aux durs traitements de leurs geôliers, à la rigueur de la température et aux privations de toute sorte, les malheureux mobiles laissèrent quarante-neuf des leurs dans le cimetière de Glogau, où six cent quatre-vingt-douze Français furent enterrés en quelques mois. Une croix en marbre blanc avec cette inscription : « *A la mémoire des Français morts en captivité ! « Glogau, 1870. Priez Dieu pour eux !* » rappelle ces nobles victimes d'une *tuerie* à laquelle les Prussiens, dans leurs journaux, s'efforcèrent de donner le mérite d'une *petite bataille rangée.*

Après sept mois de cette dure captivité, les survi-

(1) Glogau, place forte de Silésie (Prusse), sur l'Oder ; 15.000 habitants.

vants quittèrent la cité prussienne. Avant leur départ ils remirent au commandant Duval une médaille d'or, en souvenir de leur reconnaissance pour la sollicitude dont il les avait tous entourés. Cet homme de bien fut, en effet, la providence de ses infortunés compagnons d'armes. Le Ministre de la guerre le félicita d'une manière toute particulière, et lui adressa ses remerciements. A la frontière, les exilés saluèrent le sol de la patrie des cris de « Vive la France ! à bas la Prusse ! » et arrivèrent à Vitry le 19 avril 1871.

Un monument a été élevé sur le bord de la route de Triaucourt, à l'endroit même où se déroulèrent les principales scènes du massacre de Passavant. C'est un obélisque contre lequel est adossé un garde mobile de grandeur naturelle, en tenue de campagne et l'arme au pied, les traits altérés par la douleur, le regard morne et fixe, comme s'il avait sous les yeux les cadavres de ses camarades.

Au cimetière, un mausolée recouvrant les restes de vingt-deux des massacrés rappelle au souvenir de tous les « victimes du 25 août 1870. »

En outre, deux statues placées dans l'église de Sivry, — l'une, de saint Maurice, patron des guerriers, donnée par les mobiles survivants ; — l'autre, de saint Nicolas, offerte par les propriétaires de la ferme de La Basse, épargnée par le feu de l'ennemi, — rappellent aux populations ces jours lugubres « où des « Français tombèrent pour la patrie, aux postes du « devoir et de l'honneur (1). »

(1) Discours du commandant Duval.

Le quartier général allemand comprit cependant l'ignominie de la conduite de ses soldats à Passavant. Quelque temps après (28 août 1870), une proclamation hypocrite du roi Guillaume, datée de Clermont-en-Argonne, porta à la connaissance des habitants « que « tout soldat voulant être traité en prisonnier de « guerre devrait exhiber un ordre émanant des auto-« rités légales, prouvant qu'il a été appelé sous les « drapeaux, et porter des marques d'uniforme visi-« bles à l'œil nu à une portée de fusil. »

III

L'occupation allemande. — Un homme de bien. — M. Bardin. — Avis du Conseil d'enquête. — Départ des Allemands. — Le drapeau trico-lore et l'officier prussien. — Les drames de Vitry. — Sa situation et son histoire. — Vitry-le-François. — Siège de 1590. — Vitry en 1814 et en 1815. — Le rôle de Vitry. — Le lieutenant-colonel Dominé.

Pendant l'occupation, les habitants de Vitry furent écrasés de réquisitions en argent et en nature, malgré la résistance de la municipalité qui fit son devoir dignement et sans faiblesse. Elle s'opposa souvent, et avec une grande fermeté, aux prétentions des vain-queurs, dont elle eut plusieurs fois à subir les persé-cutions. Le maire, M. *Valentin*, quoique accablé par la souffrance et par la fatigue, n'abandonna pas le poste périlleux que ses concitoyens lui avaient confié ; il mourut à la peine, regretté de tous ; les chefs ennemis suivirent son convoi, rendant ainsi hommage au courage civique de cet homme de bien.

Bon nombre d'habitants furent maltraités ; quelques-uns même emmenés en captivité, entre autres M. *Bardin,* secrétaire de la mairie, courageux patriote, qui paya par de longs mois de forteresse son obscur et ferme dévouement à son pays.

« La Commission d'enquête, tout en reconnaissant « que la place de Vitry-le-François n'était pas en état « de soutenir un siège, que la garnison était exclu- « sivement composée de gardes nationaux mobiles « complètement ignorants des exercices et du service « militaire », blâma le chef d'escadrons Turquem « de « n'avoir pas, avant son départ, fait enclouer les « canons et détruit les munitions de guerre. »

Le Conseil municipal de Vitry protesta vainement contre cette décision, qui accusait les autorités civiles d'être « animées de sentiments peu patriotiques. »

Le commandant Turquem, officier distingué d'artillerie, profondément affecté du blâme infligé à sa conduite, mourut peu de temps après.

Vitry eut à subir la présence de l'ennemi jusqu'au 9 novembre 1872 ; dès le 5 la garnison prussienne avait évacué la place, remettant aux pompiers les postes qu'elle occupait. Les derniers soldats du roi Guillaume étaient à peine sortis de la ville, qu'à toutes les fenêtres on arborait le drapeau tricolore. « Pas si vite ! s'écria un officier allemand ; ne vous « réjouissez pas si fort, nous reviendrons peut-être ! »

L'uniforme français ne reparut que deux mois et demi plus tard (1).

Vitry, comme on le voit, semble prédestiné aux drames terribles et émouvants. Vitry-le-François remplace Vitry-le-Brûlé, détruit de fond en comble, en 1142, par Louis le Jeune, roi de France. Celui-ci en fit passer les habitants au fil de l'épée, sauf les femmes, les enfants et les vieillards, qui, au nombre de treize cents, réfugiés dans l'église comme en un asile inviolable, périssaient dans les flammes. Trois ans plus tard, le roi, dévoré par les remords, prenait la croix et partait pour la Terre Sainte.

Cette coquette petite ville de Champagne (2), assise sur les bords de la Marne, au milieu d'une plaine fertile, remonte à Jules-César par sa forteresse, autour de laquelle se fonda une colonie romaine. Vitry ne prit un peu d'extension que vers le milieu du IXe siècle. Sa population, trop à l'étroit dans la vieille enceinte, se répandit jusque sur la colline, où s'éleva un nouveau quartier appelé la ville haute. Louis d'Outremer l'assiégea en 941. En 1520, les Anglais la brûlèrent de nouveau ; il fallut dix ans pour réparer ce désastre.

Charles-Quint, en 1541, attaqua la ville, et, des montagnes qui la dominent, la foudroya impitoyablement. François Ier, au lieu d'en réparer les ruines, fonda une nouvelle cité, au village de Maucourt, situé à peu de distance ; il lui conserva son nom, en y ajoutant le sien.

(1) Le 22 janvier 1873, la 5e compagnie de remonte venait prendre garnison à Vitry.

(2) Vitry, chef-lieu d'arrondissement de la Marne, à 30 kil. de Châlons, compte aujourd'hui de 7 à 8.000 habitants.

Toutes les rues de Vitry, à l'exception d'une seule, se coupent à angle droit ; les quatre principales aboutissent à une vaste place ornée d'une fontaine, et sur laquelle s'élève l'église, commencée en 1627, et terminée seulement en 1741.

En 1590, Henri IV assiégea Vitry. *Jean de Matignon*, son gouverneur, attaché à la Ligue, opposa au roi une énergique résistance ; mais il tomba mortellement frappé d'un coup de lance et la citadelle fut emportée d'assaut. Le lendemain, les ligueurs reprirent la ville.

Le 2 février 1814, les Alliés entrèrent à Vitry. L'Empereur de Russie, le roi de Prusse et le général de Schwartzemberg (1) se trouvèrent un moment réunis dans ses murs, avec une faible escorte, et faillirent tomber au pouvoir de Napoléon Ier. Assiégé une seconde fois, en 1815, par les troupes coalisées, Vitry résista courageusement et ne se rendit qu'après la déchéance de l'Empereur.

La position géographique de Vitry, dit Reclus, « en a fait une gardienne naturelle de la contrée, « et ce rôle lui a coûté cher..... chaque invasion, « chaque passage d'armée valut à la ville forte un « nouveau désastre. »

Vitry, de nos jours, s'enorgueillit d'avoir donné naissance au héros de *Tuyen-Quan* (2), le vaillant *Edmond Dominé*.

---

(1) Il commandait l'armée de Bohême (200.000 hommes), qui entra en France par Bâle.

(2) *Tuyen-Quan*, citadelle perdue dans les montagnes du Tonkin,

En 1870, au combat d'Orléans, à la tête d'un détachement du 2e zouaves de marche, le lieutenant
Dominé fut blessé grièvement et conduit à l'ambulance, où les chirurgiens voulurent lui faire l'amputation. « Ma carrière serait brisée, dit-il, j'aime
« mieux mourir. » Dieu conserva la vie au brave
soldat.

A Tuyen-Quan, avec 500 héros qui s'inspiraient
de son exemple et de ses conseils, pendant trente-
six jours, il tint tête, « dans une bicoque dominée de
« toutes parts », à une armée aguerrie de 10.000 Chi-
nois résolus à tout saccager, à tout massacrer. Luttant
pied à pied, un contre cent, un tiers de la garnison
succomba sous le feu des mines ou sous les balles
et les obus ennemis ; le commandant Dominé montra
une grande science militaire et déploya une énergie
au-dessus de tout éloge. Le général Brière-de-l'Isle
et le colonel Giovaninelli, en entrant dans la citadelle,
donnèrent l'accolade à l'héroïque soldat. Les épau-
lettes de lieutenant-colonel furent la récompense de
sa belle conduite.

sur la rive droite de la rivière Claire, à 100 kilomètres environ à vol
d'oiseau de la frontière du Yun-Nan.

LAON

I

Laon, située sur un mont isolé et bizarrement
découpé, au milieu d'une plaine vaste et fertile, a
joué un rôle important à toutes les époques de l'histoire de notre pays ; c'était jadis une place que toutes
les armées devaient se disputer avec acharnement.
Du sommet où elle est assise, elle vit successivement
les étendards des Romains, des Huns, des Francs,
des Normands, des Anglais, des Bourguignons et
des Espagnols. Tour à tour, ces peuples ont assiégé
et occupé la cité de la montagne.

La ville doit son origine à une forteresse gauloise qui, au ve siècle, portait le nom de *Laudunum*. Elle opposa une résistance sérieuse à l'invasion des Barbares. En 451, Attila vint se briser contre l'énergie de ses habitants. Brunehaut y fixa sa résidence après l'assassinat du roi Sigebert, son époux (575).

En 680, Ebroïn, maire du palais de Neustrie, s'en empara après un siège prolongé ; il y commit des excès révoltants qui rendirent son nom exécrable. Pépin et Carloman en prirent possession en 741. Un siècle plus tard, les Normands en saccagèrent les faubourgs (882).

Les derniers rois de la race carlovingienne, Charles le Simple et Louis d'Outremer (xe siècle), en firent la capitale de leurs Etats ; aussi fut-elle souvent assiégée par leurs adversaires, les ducs de France, qui s'y établirent en maîtres.

Après la mort de Louis le Fainéant (987), Charles, duc de Lorraine, fit la conquête de la ville ; Hugues Capet l'y surprit bientôt, à la faveur de la nuit, et s'empara de sa personne.

A dater de l'avènement des Capétiens (987), Laon cessa d'être la résidence des rois, perdit une partie de son importance, puis fut érigée en commune en 1128.

Pendant la guerre de Cent Ans et les guerres de religion (xive et xve siècles), elle fut souvent assiégée et prise par les différents partis. L'autorité de la Ligue s'y établit en 1589 ; le cardinal de Bourbon y ceignit la couronne sous le nom de Charles X, et les ligueurs firent frapper des monnaies à son effigie.

Henri IV s'en empara le 2 août 1594. Ce siège coûta la vie à *Givry*, gouverneur de la Brie, jeune homme d'un brillant avenir, capitaine prudent et soldat intrépide, en même temps que savant distingué. C'est à lui que le Béarnais, au cœur si généreux, mais aussi à l'esprit si malin, écrivit un jour, après un succès entièrement dû à la bravoure de cet officier : « *Tes victoires m'empêchaient de dormir. Adieu, Givry, voilà tes vanités payées.* » Il est difficile de mêler plus délicatement la leçon à l'éloge.

La citadelle de Laon fut construite en 1596.

Cette ville prit part aux guerres de la Fronde, et les passages de troupes la ruinèrent presque entièrement, de 1653 à 1659. En 1751, nous la voyons réunie à l'apanage du duc d'Orléans, père de Louis-Philippe. A cette époque, ses fortifications furent remplacées par des promenades.

Les désastres de 1814 ramenèrent la guerre sous les murs de Laon. Un corps de Cosaques, commandé par le prince Lapoukin, vint la sommer d'ouvrir ses portes. La ville n'avait alors pour se défendre que quatre canons et quelques fusils. Elle se rendit, et les Alliés l'occupèrent. Napoléon essaya vainement de s'en emparer ; après une bataille terrible qui dura trois jours, il dut s'éloigner.

Laon se vit, en cette circonstance, traitée avec une rigueur impitoyable ; ses maisons furent pillées, ses faubourgs saccagés, démolis et brûlés. L'année suivante (1815), quoique démantelée, elle soutint quinze jours de siège contre les armées victorieuses à Waterloo (1).

En 1863, elle élevait une statue à l'un de ses enfants, le maréchal Sérurier (1742-1819), ancien sénateur et gouverneur des Invalides.

C'est avec une stupéfaction douloureuse qu'on apprit à Laon, en août 1870, les premiers désastres de l'armée française. Tout faisait prévoir aux habitants qu'ils allaient se trouver en présence d'une invasion comparable à celles de 1814 et de 1815. Nos revers successifs jetèrent dans tous les cœurs une émotion d'autant plus grande qu'elle était moins attendue.

Les uns (c'était le très petit nombre, empressons-nous de le dire) jugeaient toute résistance impossible ; les autres, à l'âme plus fortement trempée, proclamaient que toute défaillance serait un crime ; quelle que fût la force de nos adversaires, il fallait au moins sauver l'honneur de la patrie.

Les Allemands arrivaient en France avec un plan parfaitement arrêté. Tout était prévu. Les officiers, à l'école de Bismarck et de Moltke, avaient appris ces règles inexorables qui devaient les guider pendant cette guerre sans merci.

Ainsi, pour ne citer qu'un exemple, ils n'admettaient la défense du pays que par une armée régulièrement organisée et portant un uniforme reconnu par eux. Les mobiles (au début de la guerre), les gardes nationaux, les francs-tireurs, *des brigands !*

---

(1) Aux diverses époques de son histoire, Laon eut à subir 31 sièges.

Le paysan qui, les armes à la main, défendait son foyer, souvent même l'honneur des siens, — *un brigand !* En vain leur objectait-on que le patriotisme armait ces bras généreux ; des exécutions sommaires, souvent même sans l'ombre d'un jugement : telle fut leur réponse. Ils voulaient, par des exemples terrifiants, effrayer les populations, afin d'assurer la sécurité de leurs armées.

Ces exécutions amenèrent parfois des défaillances regrettables ; mais il y eut aussi des résolutions généreuses, des actes virils, que nos ennemis durent admirer. Châteaudun, Bazeilles, ne témoignent-ils pas hautement, par leurs nobles cicatrices et par leurs ruines glorieuses, que la France était encore, en 1870, la terre du patriotisme ? Notre pays, qui n'était pas préparé pour un choc aussi violent, succomba malgré le courage de ses fils, et l'Allemagne nous enleva la meilleure partie de nous-mêmes. L'Alsace et la Lorraine, ces deux sœurs héroïques, durent se séparer de nous ; et le drapeau noir et blanc flotte aujourd'hui sur la cathédrale de Strasbourg, et sur les remparts de Metz la Pucelle.....

« Vous occupez un poste d'honneur, et vous vous « montrerez dignes de votre passé », disait le patriote préfet de l'Aisne, M. *Joseph Ferrand,* aux habitants de la ville de Laon.

Dès les premiers jours, on s'occupa d'organiser la garde mobile, la garde nationale sédentaire et des compagnies de francs-tireurs. Mais les armes et les vêtements manquaient. D'autre part, aucune troupe régulière n'était là pour réconforter les habitants. La défense ne disposait que d'hommes complètement inexpérimentés, et dont l'instruction militaire était à peu près nulle. L'armement se composait de 13 canons, dont 10 en très mauvais état ; il y avait peu de munitions et encore moins d'approvisionnements.

En cet état d'infériorité, on ne pouvait penser qu'à mettre la ville et la citadelle à l'abri d'une surprise des partis de cavalerie ennemie. Tel était l'avis du général *Théremin*, qui commandait la place.

Le Conseil de défense, réuni le 20 août, décida que Laon serait mise à même de repousser une reconnaissance ou un coup de main de cavalerie, ou de servir d'abri à un corps de l'armée française. Des travaux furent exécutés dans cet ordre d'idées, sous la direction du capitaine du génie *Vauthier*.

Le 2 septembre, le 13ᵉ corps d'armée, dont le commandement était confié au général Vinoy, reçut l'ordre de se concentrer sous les murs de Laon. Dans cette prévision on activa encore les travaux et de grandes quantités de vivres entrèrent dans la ville. Mais les événements du 4 septembre modifièrent complètement les dispositions arrêtées. Le général dut revenir à Paris et se mettre à la disposition du nouveau gouvernement.

Vinoy était arrivé à Laon dans la nuit du 4 au 5 septembre avec son corps d'armée ; à force d'habileté et de sang-froid, il avait pu le garantir d'une destruction qui paraissait inévitable. Ses soldats se reposèrent pendant toute la journée du 5. Le général raviva le courage des habitants, et s'employa à leur inspirer l'énergique volonté de se défendre. Puis, de concert avec le commandant supérieur de la place, il arrêta les mesures à prendre si, après son départ, l'approche des uhlans était signalée aux alentours.

L'insuffisance du matériel du chemin de fer retarda le départ de Vinoy, et le 13ᵉ corps ne sortit de Laon que dans la matinée du 6 septembre. La ville fut dès lors abandonnée à elle-même, n'ayant pour se défendre qu'un bataillon de mobiles peu exercés, et dont la discipline était loin d'être irréprochable.

Nos soldats avaient quitté Laon depuis quelques heures ; trente uhlans débusquèrent, s'approchant de la ville le plus tranquillement du monde. Pensant n'avoir qu'à se présenter, pour trouver bon gîte, ils montèrent au pas la rampe de Vaux. L'officier prussien alluma son cigare, comme s'il entrait dans une ville conquise. Heureusement les mobiles, en faction sur les remparts, aperçurent à temps cette petite troupe, et déchargèrent leurs fusils sur elle ; ce que voyant, les uhlans tournèrent bride et s'enfuirent au galop, laissant derrière eux quelques cavaliers démontés.

Les habitants ne se sentirent cependant pas rassurés ; ils pensaient avec raison que l'armée ennemie ne tarderait pas à paraître. En effet, le 7 septembre, dans la soirée, un uhlan, porteur d'un drapeau blanc, se présenta à l'entrée de la ville. Introduit dans la citadelle, les yeux bandés, il demanda, au nom du roi de Prusse, la reddition de la place.

Le général Théremin ajourna sa réponse au lendemain, désireux d'en référer au gouvernement.

La ville était en proie à la plus vive agitation. On voulait empêcher le départ du préfet qui manifestait l'intention de quitter Laon. Les avis les plus divers circulaient parmi les groupes ; partout régnait une confusion indescriptible.

Pendant ce temps, l'ennemi se rapprochait ; des mouvements de troupes étaient signalés à peu de distance de la ville.

Le 8 septembre, à cinq heures du soir, le colonel comte d'Alvensleben fut conduit à la citadelle, où il somma le général Théremin de rendre la place, sous peine d'un bombardement immédiat. Il annonçait que toute une armée était à quelques kilomètres de là ; et que si, dans un délai de dix-huit heures, la capitulation n'était pas signée, la ville deviendrait la proie des flammes, avant qu'un seul coup de canon fût tiré sur la citadelle.

Le général français protesta énergiquement contre un pareil procédé ; il fit observer que, la ville étant absolument ouverte, il serait barbare de la rendre responsable de la défense de la citadelle. Le colonel prussien répondit qu'il n'avait pas à discuter les propositions de ses chefs ; les ordres dont il était porteur seraient rigoureusement exécutés.

Le parlementaire se rendit ensuite à l'Hôtel-de-Ville, où le Conseil municipal lui renouvela les objections faites par le général commandant la place. L'envoyé allemand opposa une fin de non-recevoir aux observations qui lui furent faites, ajoutant qu'il ne lui était permis de négocier qu'avec la France, représentée à Laon par le général Théremin.

Cette réponse jeta la consternation dans la malheureuse cité. Le général fut menacé par une partie de la population qui voulut l'empêcher de rentrer dans la citadelle. Toutefois, les autorités civiles parvinrent à calmer les esprits.

La réponse du gouvernement de la Défense nationale arriva vers deux heures du matin ; elle était ainsi conçue : « Agissez, devant la sommation, suivant les « nécessités de la situation. »

Il fut alors décidé que dans la journée (9 septembre) l'acte de capitulation serait porté au quartier-général du duc de Mecklembourg, à Eppes, par M. de *Chezelles,* chef de bataillon des mobiles.

A onze heures, le commandant de Chezelles revint, en annonçant que tout était réglé, et que l'armée ennemie se mettait en marche pour Laon. A midi, les premières troupes prussiennes arrivèrent, par une pluie battante. Le duc de Mecklembourg, entouré de son état-major, pénétra en ville aux sons de la musique et monta de suite à la citadelle.

Les mobiles, libres sur parole, défilèrent devant lui, après avoir déposé leurs armes.

Le duc se trouvait auprès du général Théremin, qui lui avait remis son épée, et auquel il venait de la rendre. Ils allaient signer l'acte de capitulation, lorsque une effroyable détonation se fit entendre. C'était la poudrière, renfermant vingt-six mille kilogrammes de matières inflammables, qui sautait.

L'explosion anéantit le magasin à poudre, éventra la caserne, ruina tout un quartier de la ville et une partie du faubourg de Vaux, portant la désolation et la mort au milieu des Français et des Prussiens. Le duc de Mecklembourg fut légèrement atteint à la jambe ; le général Théremin, grièvement blessé à la tête, mourut peu de jours après. Dix officiers de mobiles furent tués sur place, et neuf autres plus ou moins sérieusement blessés. Plus de deux cents mobiles périrent sous les décombres, cent cinquante de leurs camarades étaient atteints par les pierres. Plusieurs personnes furent frappées et blessées dans leurs maisons, et l'on releva une pauvre femme écrasée au faubourg de Vaux.

Les Prussiens eurent un capitaine d'artillerie, trente-deux sous-officiers ou soldats tués ; huit officiers, soixante-trois sous-officiers ou soldats blessés.

Le nombre des victimes fut de 460 environ, dont 360 parmi les Français, et une centaine parmi les ennemis.

Le premier mouvement de stupéfaction passé, des scènes terribles se produisirent. Les Prussiens fusillaient les mobiles qui fuyaient, les poursuivant dans les rues et jusque dans les maisons. Les citoyens qui regagnaient leur demeure étaient arrêtés comme coupables de trahison.

Après la catastrophe, on eût pu voir la ville, morne

et silencieuse, couverte de décombres, comme à la suite d'un bombardement de plusieurs jours.

Le duc de Mecklembourg, exaspéré, menaça Laon d'une vengeance « dont on se souviendrait dans « mille ans. » Puis, il se rendit à l'hôtel-de-ville, où siégeait le Conseil municipal.

Le maire, M. *Vinchon,* et le préfet, M. *J. Ferrand,* protestèrent énergiquement contre tout reproche de trahison. Ils firent observer que l'accusation formulée ne pouvait se soutenir, les Français ayant le plus souffert de l'explosion. Le colonel d'Alvensleben appuya chaleureusement l'opinion des magistrats français ; le grand-duc se laissa convaincre ; mais il exigea qu'on lui livrât dix otages qui répondraient sur leur vie de la sûreté des troupes allemandes.

Le préfet et le maire s'offrirent spontanément, et la liste des otages fut dressée. Le président du Tribunal civil, M. *Combier ;* le directeur des contributions, M. *Lemarié ;* et M. *de Sars,* conseiller municipal, sollicitèrent leur inscription sur cette liste.

Le préfet, d'abord prisonnier, se vit bientôt remis en liberté ; ce ne devait pas être pour longtemps. Le général Théremin fut transporté à l'hôtel-Dieu, consigné, interrogé, traduit devant un conseil de guerre allemand et acquitté à la faible majorité de trois voix contre deux. Il succomba à ses blessures le 21 septembre, et fut inhumé à Bruyères.

Les chefs allemands avaient demandé avec insistance de lui faire rendre les honneurs militaires ; les parents du général refusèrent, tout honorable que fût cette requête pour la mémoire du brave Théremin.

La ville avait redouté de plus grands malheurs, et c'est bien certainement à la généreuse intervention du colonel d'Alvensleben qu'elle dut son salut.

La cause de la catastrophe fut bientôt connue, bien qu'on ne pût en produire la preuve évidente. Elle était imputable au garde d'artillerie *Henriot,* ancien militaire, décoré à la bataille de l'Alma. En proie depuis quelque temps à une surexcitation patriotique, il marmottait sans cesse des mots inintelligibles; d'autres fois, on l'entendait dire : « Je ferai tout sauter « ici! » En raison de ses fonctions, il avait seul la clef des poudres. Exalté par les émotions de ces derniers jours, il crut faire acte de patriotisme en s'ensevelissant avec ses ennemis sous les ruines de la citadelle. Son corps ne fut pas retrouvé.

L'autorité militaire a cru néanmoins devoir conserver le souvenir d'Henriot. Une plaque commémorative fut, depuis, érigée en son honneur dans la citadelle.

Les journaux d'outre-Rhin, sitôt la nouvelle connue, jetèrent des cris de fureur et protestèrent contre « la « barbarie toujours croissante de la France. »

Les incendiaires de Fontenoy, de Varize et de Civry n'étaient pourtant pas français !

II

Désarmement de la ville. — Arrivée d'un corps d'armée prussien. —
Le préfet est arrêté. — Son entrevue avec le Prince royal de Prusse.
— Mme J. Ferrand. — Enterrement des victimes de l'explosion. —
Captivité de M. J. Ferrand. — Motifs de son arrestation. — Départ
du préfet. — Il est reçu par Bismarck. — Les reproches du chancelier. — M. Ferrand est interné dans la forteresse d'Ehrenbreisten. —
Opinion du Conseil d'enquête sur la capitulation. — Les exigences
des soldats allemands. — Honnêteté du colonel de Kahlden. — La
guerre de terreur.

Le lendemain, 10 septembre, dans l'après-midi,
l'autorité prussienne publia un ordre d'après lequel
toutes armes devaient être déposées à la mairie. On
commença le déblaiement de la citadelle et l'on
emporta les cadavres à l'hôtel-Dieu, où ils furent
enterrés.

Un corps d'armée, d'au moins 20.000 hommes de
cavalerie, arriva bientôt sous les murs de Laon. Une
partie occupa la ville, le reste campa dans les faubourgs, sur les routes et la ligne du chemin de fer.

Le préfet devait quitter son poste le lendemain
pour se retirer dans sa famille. Mais, avant de partir,
il désirait faire, en compagnie du maire de la ville et
du colonel d'Alvensleben, une visite à l'hôpital, afin
de s'assurer de l'état des malades et des blessés.

M. Ferrand se disposait à sortir, quand on vint l'a-
vertir que les abords de l'hôtel-de-ville étaient gardés
par des soldats prussiens, et que d'autres occupaient
déjà les appartements du rez-de-chaussée. Quelques

instants après, il vit entrer le capitaine de Reibnitz qui lui déclara qu'il était chargé de l'arrêter et de le présenter au Prince royal de Prusse.

Conduit à l'hôtel du Chevreuil, où se trouvaient déjà plusieurs officiers allemands qui parlaient de la capitulation prochaine de Paris, le préfet fut introduit chez le prince qui portait l'uniforme de général prussien ; celui-ci l'avertit qu'il allait être dirigé sur le quartier-général de Reims, non sans lui avoir exprimé ses mauvais sentiments à l'égard de la nation française et de ses gouvernants.

A ces considérations vagues et générales, M. Ferrand n'avait rien à répondre. Il fut reconduit à l'hôtel-de-ville et gardé à vue par des soldats qui l'injurièrent et le menacèrent, comme étant sinon l'auteur, du moins l'instigateur de l'explosion.

A quatre heures de l'après-midi, Mme Ferrand, accompagnée du comte d'Alvensleben, vint faire ses adieux à son mari. Le colonel allemand fut d'une convenance pleine de dignité en cette pénible circonstance, et il ordonna à ses hommes de se montrer à l'avenir plus respectueux.

Le soir, M. Ferrand vit défiler sous les fenêtres de l'hôtel-de-ville le funèbre cortège des cercueils renfermant les victimes de la catastrophe. La musique des régiments allemands le précédait. Cette triste cérémonie impressionna vivement le prisonnier. Il se demandait si le digne général Théremin et lui ne seraient pas punis de mort pour un acte auquel ils étaient complètement étrangers. La nuit se passa dans ces angoisses qu'augmentaient encore les injures des soldats grossiers chargés de le garder.

On sut plus tard que l'arrestation du préfet de l'Aisne fut motivée par la proclamation qu'il avait lancée le 28 août, et dont Bismarck avait eu connaissance par des journaux français. Cette proclamation parut dangereuse au chancelier de fer pour la sécurité des troupes allemandes, et dès lors l'incarcération de M. Ferrand était résolue : l'explosion de la citadelle fut le prétexte apparent des mesures rigoureuses prises contre lui.

Le lendemain, 11 septembre, le préfet, escorté par un nombreux détachement de gendarmes, et sous la garde d'un officier du quartier-général, quittait Laon pour une destination inconnue, victime d'une accusation dont il ignorait le motif. Il passa quelques instants à Craonne, avec sa famille qu'il avait pu faire prévenir. Tant qu'il foula le territoire français il reçut, des autorités et de la population, les marques les plus vives de sympathie. Arrivé à Reims, il fut conduit chez le général de Moltke, qui était absent. Alors, on l'amena, toujours sous bonne escorte, chez le chancelier.

Bismarck reprocha vivement à M. Ferrand sa proclamation du 28 août dont il avait eu connaissance à Varennes ; « dès lors, dit-il, il avait proposé immé-
« diatement au roi d'ordonner son arrestation ; il
« n'admettait pas que les préfets s'occupassent de la
« guerre ; la résistance civile était criminelle ; il sau-
« rait l'étouffer ; il allait être conduit à la forteresse

« d'Ehrenbreisten ; et, là, il répondrait devant une
« cour martiale des sévices exercés par les habitants
« non militaires contre les armées allemandes. » Le
préfet discuta longuement les motifs de cette accusation ; mais Bismarck lui reprocha encore d'avoir
continué dans le département les opérations du re-
censement militaire ; du reste, ajouta-t-il, la cour
martiale vous entendra et décidera. — Puis, il sortit,
fermant violemment la porte.

M. Ferrand fut amené à l'hôtel-de-ville, où on le
tint au secret. Il reçut cependant, dans la soirée, la
visite de M. Werlé, député de la Marne, du maire
de Reims et de deux autres personnes alliées de sa
famille. On le prévint ensuite que le lendemain il
serait dirigé sur Coblentz, où il arriva dans la journée
du 16 septembre.

Enfermé dans la forteresse d'Ehrenbreisten, on
l'autorisa à se promener deux heures par jour sur
la plate-forme de la prison. Il apprit bientôt que la
duchesse Guillaume de Wurtemberg et le prince de
Monaco, son frère, l'avaient instamment recommandé
à la reine et au gouverneur général ; il reçut même
deux lettres de sa femme et de l'argent que lui
envoyait son ami, M. de Marsilly, directeur général
des mines d'Anzin.

Le 24 septembre, on lui ouvrit les portes de la
forteresse et il resta prisonnier sur parole à Coblentz
jusqu'au 31 janvier 1871. Quelques jours après l'armistice, époque à laquelle il fut rendu à la liberté, en
même temps que le préfet de Strasbourg, M. Ferrand

se retira à Amiens dans sa famille. Pendant sa captivité, ce fonctionnaire avait rendu de nombreux services à nos malheureux soldats. Il devint plus tard préfet du Calvados.

Le récit de l'explosion de la citadelle de Laon et celui de la captivité du préfet de l'Aisne nous ont fait oublier quelque peu les conséquences de la capitulation de la place, au point de vue militaire.

Le Conseil d'enquête, réuni le 6 novembre 1871, déclare « qu'il lui paraît superflu d'exprimer son opi-
« nion sur le blâme ou l'éloge qu'aurait pu mériter le
« général Théremin d'Hame, mort des suites de ses
« blessures ; que, du reste, cet officier, en capitulant,
« n'a cédé qu'à l'autorisation implicitement exprimée
« dans la dépêche ministérielle du 8 septembre ; mais
« il déclare toutefois qu'il est regrettable que le
« général, avant de rendre la place, n'ait pas fait en-
« clouer les canons, détruit les 2.000.000 de cartou-
« ches et les 40.000 kilog. de poudre renfermés dans
« les magasins. »

L'occupation allemande devint, à Laon comme ailleurs, l'occasion de réquisitions, d'exigences à la fois ridicules et implacables, d'humiliations, de mauvais traitements. La population eut à endurer les souffrances matérielles et morales qui furent, pendant ces jours néfastes, le triste lot des pays envahis.

Le seul moyen, durant l'occupation ennemie, pour garder sa tranquillité, était d'obéir à toutes les volontés, à tous les caprices des soldats allemands, et « *tout de suite.* » Ceux d'entre eux qui ne savaient pas dix mots de français, répétaient ces trois mots avec un aplomb imperturbable.

A la moindre hésitation, on voyait ces gros rougeauds grincer des dents ; à la moindre observation, les coups de plats de sabre pleuvaient sur les épaules des récalcitrants, trop heureux quand on ne les expulsait pas de leur foyer à coups de baïonnette.

On n'en finirait pas, si l'on voulait raconter tous les épisodes intimes de cette guerre atroce ; du reste, le monde entier connaît aujourd'hui les odieux procédés de nos vainqueurs.

Un trait pour terminer ; il justifiera nos appréciations que certains de nos jeunes lecteurs pourraient trouver trop sévères.

Le comte de Kahlden, commandant la place de Laon, furieux de la vive résistance éprouvée devant Saint-Quentin, s'en vengea sur toutes les populations voisines.

Le 19 octobre, mille soldats allemands arrivent à Danizy (1). Aussitôt, ils bouleversent les maisons de fond en comble, et entassent sur des charrettes des couvertures, des vêtements d'hommes et de femmes, de la vaisselle, de la batterie de cuisine, des cannes, jusqu'aux plus infimes objets. Les habitants, exaspérés, menacèrent de se plaindre au colonel. Celui-ci, logé au château, était à table, avec trois officiers. Cent cinquante soldats occupaient les communs, et les chevaux mangeaient l'avoine à pleine auge. Les

(1) Village de l'Aisne, canton de La Fère.

officiers, à table, buvaient le champagne à pleines coupes, devant un feu qui flambait si bien, qu'un incendie se déclara tout à coup. « J'avais justement, « dit le colonel, l'intention de faire brûler cette « cassine ! »

Comme il devait passer la nuit au château, il fit éteindre l'incendie ; puis, le lendemain, ses hommes chargèrent, sur des fourgons, des pendules, plusieurs jolis meubles, des tapis, et tout le vin de la cave.

On juge dès lors comment fut accueillie la plainte des habitants de Danizy ! Ce rustre pouvait-il décemment punir des soldats qui avaient volé des cannes ?

Le surlendemain, l'honnête officier regagnait directement le siège de son commandement.

« Ruiner la France », tel était le rêve des soudards de l'Allemagne. La conscience du colonel prussien était satisfaite.

Les Allemands, du reste, eurent le mérite d'inventer ou de perfectionner ce qu'un écrivain étranger qui ne leur est cependant pas défavorable, le colonel Rustow, appelle « *la guerre de terreur.* »

TOUL

I

Bâtie au point où la Moselle, après avoir longtemps coulé du sud au nord, fait un coude marqué vers l'ouest pour se rapprocher de la Meuse, Toul paraît comme assise entre deux riants coteaux couverts de vignobles. Cette vieille cité, aux rues tortueuses et peu animées, aux maisons mal construites, a aujourd'hui un aspect calme et tranquille, qui contraste singulièrement avec l'existence agitée qui fut la sienne au temps passé. Ancienne ville épiscopale, située sur l'une des grandes voies historiques de la France, elle se trouve dans une des régions qui ont le plus souvent changé de maîtres, avant la constitution actuelle des nationalités européennes. Souvent assiégée, dévastée même, Toul a été pendant des siècles l'objet de bien des compétitions et le théâtre de bien des combats. Sa cathédrale magnifique, à la façade de style ogival flamboyant, et dont les deux tours si élégamment découpées s'élèvent gracieusement vers le ciel, a vu de multiples événements se dérouler autour de ses murs.

Résumons en quelques mots ces événements, avant de commencer le récit de l'énergique résistance que Toul opposa, en 1870, aux armées prussiennes dont la marche sur Paris fut ainsi retardée.

Toul était autrefois la capitale des *Leukes,* peuple germain remarquable par sa force musculaire et surtout par son adresse à tirer de l'arc. Nous savons peu de chose sur le rôle de cette ville sous la monarchie franque, si ce n'est que son diocèse fut compris dans le royaume d'Austrasie. Le roi des Burgondes, Thierry II, y remporta une victoire signalée (612) sur son frère Théodbert, roi d'Austrasie.

Plus tard, la vieille cité fut comprise dans le royaume de Lorraine, dont elle suivit les destinées jusqu'au onzième siècle. Les rois des deux premières races séjournèrent souvent dans les environs de Toul, où ils avaient plusieurs maisons de plaisance.

En 889 et en 892, les Normands dévastèrent la ville, et, après l'avoir pillée, la réduisirent en cendres. Elle fut reconstruite, ainsi que la cathédrale, par le roi Arnold.

Tout porte à croire que, dès l'époque mérovingienne,

la cité était administrée par des comtes particuliers qui, jusqu'en 1261, jouirent de toute la plénitude de leur autorité. L'un d'eux, *Renaud*, prit des premiers la croix au concile de Clermont, et l'histoire le cite comme l'un des plus vaillants compagnons d'armes de Godefroy de Bouillon.

Toul fut longtemps troublée par des querelles intestines. En 1243, l'évêque Roger dut sortir de sa ville épiscopale où il ne rentra qu'en 1251, soutenu qu'il était par les comtes de Bar et de Luxembourg. En 1261, nouvelle révolte et nouvelle capitulation.

C'est alors que les comtes furent supprimés, et que Toul passa définitivement dans le domaine de l'évêché.

La lutte qui éclata en 1543 entre François Ier et Charles-Quint (1) fut pour Toul l'occasion de nouvelles épreuves. Cependant, la ville put conserver sa neutralité et traverser cette époque sans prendre part aux hostilités.

En 1548, elle passa sous la domination française, malgré la résistance de Charles-Quint qui avait résolu de tenter un effort suprême pour reprendre les Trois-Evêchés (2).

En 1561, elle eut à souffrir grandement des divisions qui existaient entre les catholiques et les protestants;

---

(1) Charles-Quint avait obtenu de François 1er le passage à travers la France pour aller châtier les Gantois révoltés ; en retour, il devait donner le Milanais à l'un des fils du roi. Pressé de tenir sa parole, l'empereur prétendit hautement n'avoir rien promis. Ce fut l'occasion d'une guerre qui ne prit fin que par le traité de Crépy (1544).

(2) Les Trois-Evêchés étaient les villes lorraines de Metz, Toul et Verdun. Après avoir été longtemps villes impériales, elles furent réunies toutes trois à la France en 1552 par Henri II.

ses environs furent dévastés par le prince de Condé d'abord, puis par les reîtres d'Antoine de Croy.

Pendant les guerres désastreuses de la Ligue, Toul eut à subir les horreurs de deux sièges ; et sous Henri IV, dont elle ne voulut reconnaître l'autorité qu'après son abjuration, la cité vit ses faubourgs pillés et dévastés.

A partir du XVIIIe siècle, aucun fait saillant n'est à noter dans l'histoire de Toul.

En 1700, son ancienne enceinte, renversée, fit place aux fortifications modernes tracées d'après les plans de Vauban, et fortement améliorées dans la suite par la science de nos ingénieurs militaires.

Depuis la révolution de 1789, deux de ses enfants commandèrent avec gloire nos armées et nos escadres. C'est dans ses murs, en effet, que naquirent le maréchal *Gouvion-Saint-Cyr* (1764-1830) et l'amiral *de Rigny* (1783-1835).

Toul, placée en seconde ligne derrière Metz et Strasbourg, s'attendait moins que ces deux places à une prompte attaque de l'ennemi. C'était, du reste, l'opinion exprimée par le maréchal *Canrobert* dans la réponse qu'il fit, le 11 août 1870, aux autorités de la ville venues pour le saluer à la gare du chemin de fer.

« — Qu'allez-vous faire, ici ? » demanda le maréchal au général alors en résidence à Toul.

« — Excellence, nous nous défendrons.

« — Peuh ! vous tiendrez vingt-quatre heures devant « un escadron de cavalerie.

« — Le fait est, dit le général, que Toul est un
« panier à bombes ; on ne peut s'y défendre, et nous
« serions utiles ailleurs.

« — Allez ailleurs », répondit alors le maréchal.

Et, le dimanche 13 août, le général sortait de Toul,
emmenant les artilleurs, les sapeurs et les pontonniers,
au nombre de 2.000.

Cependant l'importance stratégique de cette place
était telle, que l'on comprend difficilement l'incurie du
gouvernement impérial à son égard ; il n'avait pris,
en effet, aucune des mesures commandées par la
plus vulgaire prudence dans une ville frontière.

Toul est entourée de tous côtés par des hauteurs
qu'on avait toujours négligé de fortifier ; l'une d'elles,
le mont Saint-Michel, haute de cent pieds et distante
des remparts à peine d'une portée de fusil, domine
la ville et la cathédrale aux deux tours de dentelle.
L'établissement, sur cette hauteur, d'une citadelle
pour protéger la brave petite cité, l'eût rendue presque imprenable ; et cela eût tout au moins suffi pour
retarder sensiblement la reddition de la place.

Toul, destinée, dans l'esprit de l'administration
militaire, plutôt à servir de place de ravitaillement
pour une armée en campagne qu'à soutenir un siège
régulier, n'avait point été, comme nous venons de le
dire, mise en état de défense. En revanche, la place
était bien approvisionnée en munitions, en vivres et
en fourrages. On y avait installé un matériel considérable pour établir des ambulances. On voulait faire
de la ville un vaste camp retranché, où les troupes

seraient exercées en lieu sûr, loin du passage de l'ennemi, jusqu'au jour où les nécessités de la campagne exigeraient d'elles un service actif.

L'armement se composait de 76 bouches à feu, pour lesquelles les travaux d'installation n'étaient pas encore terminés.

La garnison, qui s'élevait à 2.200 hommes, était formée par les 3ᵉ et 4ᵉ bataillons d'infanterie de la garde mobile de la Meurthe, et par un bataillon d'artillerie de la même garde. L'armée n'était représentée que par 600 hommes environ, appartenant aux dépôts du 63ᵉ de ligne et du 4ᵉ régiment de cuirassiers.

La plupart de ces troupes, levées depuis quelques jours seulement, manquaient d'instruction militaire ; elles devaient y suppléer par leur discipline et par leur patriotique courage.

La garde nationale sédentaire et la compagnie de sapeurs-pompiers prirent également une part active à la défense, et rendirent de grands services, en arrêtant, au prix de réels dangers, les progrès des incendies allumés par les projectiles ennemis.

La place était sous les ordres du major *Huck,* ancien élève de Saint-Cyr. Le commandant Huck, chevalier de la Légion d'honneur, appartenait au 7ᵉ régiment de cuirassiers. Les commandants *Balland* et *Bouchez* dirigeaient les travaux du génie ; l'artillerie avait pour chefs les commandants *Petit* et *Barbe Schmidt,* tous deux de la mobile.

Ces officiers se préparèrent activement à la résistance, malgré l'infériorité notoire dans laquelle se trouvait la place. Convaincus qu'ils pouvaient opposer des obstacles sérieux à la marche de l'ennemi sur la capitale, ces hommes énergiques se dévouèrent corps et âme à la défense de la ville, et surent faire partager leurs sentiments patriotiques à la population, dont l'attitude fut admirable pendant le siège.

Les Allemands, connaissant les ressources de la place de Toul, ne comptaient que sur un simulacre de résistance. Ils s'attendaient même à un succès si facile qu'un jour des officiers partis de Nancy, le matin, avaient offert aux habitants chez lesquels ils étaient logés, de se charger de lettres pour Toul, en promettant de rapporter la réponse le soir même.

On aurait pu leur répondre ce que répondait en 1792 un Français des environs de Verdun, au domestique de Goethe, apportant à tout hasard à son maître une missive pour Paris, où l'armée de Brunswick se flattait d'entrer sans coup férir : « Voici une lettre qui « n'arrivera pas à son adresse. »

Cette confiance était si générale dans l'armée allemande que le 17 août, à sept heures du matin, on vit arriver à la Porte de Moselle un cavalier ennemi menant son cheval par la bride. On le laissa approcher du pont-levis, qu'on abaissa pour le faire entrer ; puis, la porte se referma sur lui. C'était l'ordonnance d'un officier, arrivant de Nancy, et à qui son maître avait donné rendez-vous à Toul ; il croyait la ville prise et pensait y entrer en vainqueur ; à son grand étonnement, il s'y trouva prisonnier.

II

Dès le 14 août, à onze heures du matin, la vigie placée sur l'une des tours de la cathédrale signala un régiment de cavalerie près du bois de Toul. A deux heures et demie, une reconnaissance, composée de gendarmes et de cuirassiers, sortit de la place ; mais elle fut repoussée jusqu'aux portes de la ville par trois escadrons ennemis ; un gendarme périt dans cette rencontre.

Vers trois heures, le même jour, un parlementaire s'approcha des glacis, et fit la sommation suivante : « Au nom de Son Altesse le prince Charles, nous « venons vous sommer de rendre la ville à Sa Majesté « le roi Guillaume, notre bien-aimé Souverain. »

Un lieutenant du 63° de ligne, faisant fonctions d'adjudant de place, lui fit cette réponse : « Venez « la prendre ; nous avons des balles pour vous ré- « pondre. Vous repasserez dimanche. »

Le parlementaire se retira, et la journée s'écoula sans autre incident.

Le 15 août, des coups de feu furent échangés avec les éclaireurs ennemis, qui vinrent caracoler autour des glacis, aux abords des portes de Metz et de France.

La matinée du 16 paraissait plus calme, quand, vers midi, les Allemands, ayant pu établir une batterie près la *Croix de Metz*, firent une nouvelle sommation, bientôt suivie d'un premier coup de canon, qui détermina un commencement d'incendie dans l'un des pavillons de l'Hôtel-de-Ville. Deux autres batteries, installées, l'une aux *Traits de la Ville*, et l'autre à la *Croix Jean Leclerc*, ouvrirent dès lors un feu vif et nourri. Les coups étaient surtout dirigés contre la mairie et la cathédrale ; plusieurs maisons, entre autres le bureau de la place, furent criblées d'obus. Le maire et le second adjoint restèrent toutefois à leur poste périlleux.

La place riposta vigoureusement, et un feu de mousqueterie fut dirigé sur la ligne du chemin de fer, occupée par l'infanterie et la cavalerie prussiennes, qu'abritaient des haies et de petites maisonnettes de jardins.

Vers quatre heures, les batteries allemandes, redoublant de violence, tuèrent ou blessèrent plusieurs des nôtres, et déterminèrent de nouveaux incendies, entre autres celui d'une partie de l'Hôtel-de-Ville. Enfin, vers cinq heures du soir, leur feu s'éteignit sous le canon de la place.

Les pertes de l'ennemi, dans cette journée, furent de 250 hommes tués et de 500 blessés. On employa les journées du 17 et du 18 août à enterrer les nombreux cadavres tombés dans les vignes, dans les jardins, et sur les glacis. Cette triste opération ne fut toutefois pas sans danger, entravée qu'elle était par le feu des tirailleurs prussiens embusqués dans les alentours.

Le 19, quelques coups de canon, seulement, furent tirés contre Toul ; puis, vers le milieu de la journée, le feu cessa tout à coup. Dans la journée du 21, le bombardement recommença, causant de nouvelles ruines.

Le 22, la vigie signala l'établissement de batteries sur la côte Saint-Michel, et au-dessus du village de Dommartin.

Le lendemain, la canonnade commença à sept heures du matin, et dura jusqu'à midi, occasionnant beaucoup de dégâts dans la ville ; des maisons furent brûlées, ainsi que plusieurs édifices publics. Vers cinq heures du soir, elle reprit avec plus d'intensité ; cinquante pièces lancèrent pendant plusieurs heures une grêle de projectiles ; puis soudain silence complet ; les Allemands, rappelés par un ordre subit, se dirigeaient vers les communes de Chaudeney et de Pierre.

Du 23 août au 10 septembre, rien de saillant à signaler. On apprit toutefois que l'ennemi, en vue d'une attaque ultérieure, avait fait venir le matériel de guerre de Marsal et procédait, en ce moment, à des préparatifs pour installer de nouvelles batteries. En outre, les Allemands attendaient des canons d'acier de grande dimension qui, d'après leur opinion, ne tarderaient pas à pulvériser les remparts de Toul. Cependant les courageux défenseurs de la cité ne désespéraient pas de pouvoir encore prolonger leur résistance, afin de retarder, autant que possible, le passage du train de siège destiné à bombarder Paris. Toul tenait lieu pour ainsi dire d'ouvrage avancé à la capitale elle-même.

Le 10 septembre, dès le matin, le feu recommença, et une pluie de bombes et d'obus s'abattit sur la ville. Les maisons s'écroulaient et des incendies s'allumaient de toutes parts. Aidés des habitants, les pompiers s'efforçaient d'éteindre le feu ; un certain nombre d'entre eux tombèrent victimes de leur dévouement.

De leur côté les batteries de la place répondirent avec vigueur, et parvinrent à démonter quatorze pièces ennemies. Le feu cessa après huit heures d'un bombardement ininterrompu. Nos pertes, dans cette journée, atteignirent un chiffre élevé : plusieurs quartiers furent incendiés ; les casernes se trouvèrent principalement éprouvées.

Dès lors, et durant treize jours, le feu ne discontinua plus. La ville se transforma peu à peu en un monceau de décombres calcinés par l'incendie, et les habitants qui n'avaient pas d'abri sûr furent ou tués ou blessés. La circulation à travers les rues devint de jour en jour plus dangereuse.

De temps à autre, les Prussiens envoyaient un parlementaire dont les propositions étaient toujours repoussées. Voyant qu'ils ne pouvaient s'emparer de Toul sans un assaut régulier, ils proposèrent alors de garantir la neutralité de la ville si elle consentait à laisser passer les convois allemands. Après avoir bombardé la patrie de Gouvion-Saint-Cyr, on tentait de la déshonorer.

Toul, qui avait conscience du service considérable que, par sa résistance, elle rendait à la France, refusa. Pour se venger, les Prussiens se livrèrent à une œuvre sauvage de dévastation. L'artillerie s'acharna sur la cathédrale qui, comme nous l'avons dit, est une merveille d'architecture et dont les tours dominent au loin le pays. En un jour, cinq cents obus l'accablèrent. Ces vandales espéraient ainsi, comme à Strasbourg, amener les habitants à capituler, en mutilant le principal édifice de la ville, son église, qui faisait son orgueil et parlait à l'étranger de son ancienne gloire.

De tels faits resteront dans l'histoire et seront, pour les Teutons, comme la tache de sang sur la main du meurtrier que nulle eau ne saurait effacer.

La courageuse résistance de Toul irritait donc l'orgueil allemand autant qu'elle contrariait ses intérêts. Le blocus était établi devant Paris ; il fallait faire arriver au plus tôt le matériel de siège. Le duc de Mecklembourg reçut du roi Guillaume l'ordre d'enlever la ville à tout prix.

Les Allemands essayèrent alors, par des nouvelles alarmantes, souvent fausses, d'ébranler le courage des assiégés ; car, tant que Toul résistait, une des clefs de la maison, pour employer l'expression de Bismarck, restait entre nos mains.

L'ennemi, à ce moment, ne comptait pas moins

de 25.000 hommes devant la place, avec 60 pièces de siège, et 24 pièces de campagne.

Le vendredi, 23 septembre, dès le point du jour, un bombardement concentrique des ouvrages fut commencé par les batteries des pièces de 24 du 2ᵉ et du 24ᵉ régiment d'artillerie, appuyées par des troupes de la 34ᵉ brigade d'infanterie, formant partie d'un nouveau corps placé sous les ordres du grand-duc de Mecklembourg-Schwerin, et comprenant tous les corps qui se trouvaient entre les armées de Frédéric-Charles et du Prince royal, c'est-à-dire toutes les troupes d'invasion non engagées devant Metz.

C'est dans cette journée que la population eut le plus à souffrir du feu ennemi. La ville fut entourée d'un cercle de fer. Les bastions, déjà si éprouvés les jours précédents, devinrent intenables, labourés qu'ils étaient par une grêle d'obus se croisant de tous côtés. Paralysé par cette violente attaque, le tir de la place ne put y répondre d'une manière efficace.

Les maisons incendiées s'effondraient sous la mitraille ; nombre d'habitants étaient tués ou blessés ; des enfants tombaient, frappés mortellement, sous les yeux de leurs parents éplorés ; les ambulances, les hôpitaux, menaçaient d'ensevelir sous leurs ruines les malheureux blessés et malades qui s'y trouvaient entassés ; le feu, qui avait éclaté en vingt-trois endroits, allait dévorer la ville entière ; toute résistance devenait impossible.

Le commandant Huck, depuis le commencement du siège, comptait sur un secours qui n'arriva jamais.

Sentant que tous ses efforts et ceux de ses compagnons d'armes étaient inutiles, il crut de son devoir d'abréger les épreuves de l'héroïque population qui, pendant ces sept heures et demie de bombardement, fut en proie à des angoisses indescriptibles. Il fit hisser le drapeau parlementaire sur la cathédrale, pour réclamer une capitulation dont l'heure ne pouvait plus désormais être retardée.

Le brave officier avait prolongé la défense jusqu'aux dernières limites du possible ; il s'arrêta seulement quand il vit que son sacrifice était stérile et allait conséquemment devenir un acte déraisonnable et inhumain.

L'offre du commandant fut immédiatement acceptée, et le soir même la capitulation était signée sur l'un des glacis de la place.

Elle livrait aux Allemands 109 officiers, 2.240 soldats, 120 chevaux, l'aigle de la garde mobile, 71 canons de bronze, dont 18 rayés ; 3.000 fusils, 3.000 sabres, 500 cuirasses, un matériel d'équipement assez considérable, des munitions et des vivres en grande quantité.

Immédiatement après la signature, les troupes françaises sortirent de la place sans armes.

Quand le général prussien vit que la garnison était aussi faible, il exprima sa surprise et serra la main du commandant Huck, en le félicitant de sa belle défense.

Aussitôt les vainqueurs entrèrent dans cette vaillante ville de Toul, mutilée, à moitié détruite, mais fière encore dans son malheur.

L'énergie et le courage de ses défenseurs avaient tenu en échec les troupes allemandes pendant quarante-neuf jours ; résultat des plus honorables, quand on songe aux faibles moyens de résistance dont ils disposaient.

La défense prolongée de Toul retarda sensiblement la marche de l'ennemi sur Paris ; et si notre organisation militaire eût été meilleure, ce retard eût peut-être changé la face des événements.

Aussi, le gouvernement de la Défense nationale, touché du dévouement de cette glorieuse cité, décréta-t-il « qu'elle avait bien mérité de la patrie. » Noble récompense qui fait le plus grand honneur à ses enfants et à ses défenseurs !

Après la guerre, le Conseil d'enquête, dont le jugement peut paraître sévère, blâma le commandant Huck de n'avoir pas détruit le matériel de la place, mais lui accorda « des éloges pour avoir prolongé « la résistance, malgré les instances réitérées du « Conseil municipal et les propositions avantageuses « de l'ennemi. »

La reddition de Toul assurait aux Allemands la libre possession des voies ferrées ; ils allaient en profiter pour hâter les préparatifs du siège de Paris.

Les pertes de la place furent d'environ 40 hommes tués et 100 blessés. Un grand nombre de maisons étaient endommagées ; 20 furent entièrement détruites par l'incendie.

III

L'occupation allemande fut ici ce qu'on la vit partout : violences, exactions, vols, cruautés souvent atroces.

Toul et ses environs, déjà appauvris par les passages continuels de troupes, par les réquisitions, ou plutôt les enlèvements des chevaux et des bestiaux, par les contributions de guerre, virent consommer leur ruine pendant l'occupation. La destruction pour le plaisir de détruire était à l'ordre du jour.

Bismarck avait juré l'anéantissement de la France, et tous les moyens lui parurent bons pour arriver à ce but ; il le proclamait avec un cynisme qui n'avait d'égale que l'hypocrisie du roi son maître.

« Mon armée, avait dit Guillaume, fait la guerre aux soldats français ; mais les populations peuvent compter sur ma bienveillance et ma mansuétude. »

Un fait, entre cent autres, nous montre ici ce qu'il faut penser des sentiments humanitaires de Sa Majesté prussienne.

Le 22 janvier 1871, on fit sauter le pont du chemin

de fer situé près du petit village de *Fontenoy,* entre Toul et Liverdun. Ce hardi coup de main avait été habilement exécuté. Pendant la nuit, des volontaires, appelés *Enfants-Perdus,* avec quelques officiers du génie, arrivaient à l'improviste à Fontenoy, où se trouvent la station du chemin de fer et un pont sur la Moselle. Après s'être emparés du poste ennemi chargé de la garde des alentours, ils pratiquèrent une mine pour faire sauter ce pont fort utile aux communications des Prussiens avec leur pays.

Informés de ce fait, les Allemands envoyèrent le lendemain, dès la nuit, un bataillon qui envahit le village et l'incendia. L'église et une maison que les Prussiens se réservaient pour leur usage furent seules épargnées. Les habitants virent leurs immeubles détruits par le feu, sans pouvoir en retirer le moindre objet. Les bestiaux périrent dans les flammes. Une vieille femme malade, qui ne put sortir de sa demeure, mourut carbonisée. Le maire fut battu ; une jeune fille de dix-huit ans, traînée par les cheveux, reçut, dit un témoin oculaire, « autant de coups qu'elle en « pouvait porter. » Plusieurs des autorités et le curé de Gondreville, village voisin, durent prendre le chemin de l'exil.

Cependant, aucun habitant de Fontenoy n'avait participé au fait de guerre incriminé.

Mais toutes ces cruautés ne pouvaient satisfaire encore la vengeance des envahisseurs. La province de Lorraine fut imposée à une somme de dix millions. En outre, l'ennemi décida que le pont de Fontenoy serait réparé par les Français, et cinq cents ouvriers furent requis par le préfet de Nancy, le comte Renard. Aucun ne se présenta. Alors, les Allemands interdirent tout travail dans les usines, ateliers ou chantiers du département, jusqu'au moment où ils auraient reçu satisfaction. Malgré cette mesure, les ouvriers s'abstinrent.

Afin de recruter des travailleurs, le préfet prussien n'hésita pas à opérer dans la ville de Nancy une espèce de *razzia*, à l'aide de laquelle il parvint à réunir deux cent cinquante personnes de tout âge et de toutes conditions, jusqu'à des élèves du lycée. Puis, on força tout ce monde à aller travailler au rétablissement du pont de Fontenoy, détruit par des troupes régulières et des officiers de l'armée française.

Et cependant, répétons-le, « on ne venait faire la « guerre qu'aux soldats et non aux citoyens paisibles ! »

Terminons par deux épisodes qui mettent en relief le dévouement français au milieu de ces infortunes.

Pendant le blocus de Toul, plusieurs lettres parvinrent dans la ville. Elles étaient apportées par deux hommes courageux qui risquaient leur vie à ce dangereux métier.

Le service des dépêches venant de Nancy était fait par un jeune homme chétif, malingre, presque un enfant, mais d'un courage étonnant. Il fit, en outre, dans maintes circonstances, preuve d'un grand sang-froid et d'une remarquable présence d'esprit.

Il lui fallait une dizaine de jours pour exécuter le

trajet de Toul à Metz ou à Nancy. Lorsqu'il apercevait au loin la pointe d'un casque, muni d'une faucille qui ne le quittait jamais, il se mêlait aux moissonneurs et paraissait les aider dans leur travail. D'autres fois, la ligne à la main, il prenait l'attitude d'un pêcheur inoffensif, pour dépister les Allemands. Les dépêches qu'il transportait, écrites sur du papier pelure, étaient cachées dans ses souliers à double semelle.

Dénoncé par une femme, ce vaillant fut arrêté et condamné à être transporté en Prusse. Il avait déjà accompli un certain trajet en chemin de fer et cherchait les moyens de s'évader, quand l'occasion s'en présenta tout naturellement. Le train ralentissait sa marche à l'approche d'une station. L'intrépide enfant sauta de wagon et vint tomber dans les bras des voyageurs stationnant sur la voie qui s'empressèrent de le dérober aux yeux de ses geôliers.

Le second messager fut moins heureux. Un jour, comme il rentrait en ville, arrêté par les Prussiens qui se saisirent de ses dépêches, il fut condamné à être fusillé sur-le-champ.

On l'amena sur le bord d'un fossé creusé pour la circonstance, non sans lui avoir bandé les yeux. Il attendait la mort, quand une voix (celle d'un officier prussien) lui glissa dans l'oreille ces mots : « Invoquez la loi française. »

Le malheureux saisit cette planche de salut que lui tendait un ennemi généreux. Il s'écria : « Je suis « Français ; je dois être jugé par la loi française. »

Cette loi ne punit que d'une amende le transport illicite des dépêches.

Alors l'officier, son sauveur, commanda aux soldats d'abaisser leurs armes ; puis il ajouta en allemand : « Cet homme a raison ; mais il reste notre prisonnier. »

Le messager, heureux d'avoir la vie sauve, fut gardé à vue par deux soldats, au pain et à l'eau pendant douze jours, et n'obtint sa liberté qu'à la reddition de la place.

Nous voudrions pouvoir citer souvent de tels exemples d'humanité de la part des Allemands. Hélas ! ils furent si rares !

SOISSONS

I

Capitale de la tribu des *Suessones,* Soissons envoya dès avant l'ère chrétienne plusieurs colonies dans l'île d'Albion. C'était alors la cité prépondérante de la nation belge. Lors de la conquête romaine, elle dépêcha cinquante mille des siens au secours de Vercingétorix, et ne se soumit à Jules César que sous la menace d'un siège.

La ville, bâtie sur les bords de l'Aisne, dans un vallon agréable et fertile, s'accrut très rapidement sous la domination romaine. A cette époque déjà furent construits ses remparts, son château, et les voies importantes qui la relièrent aux autres parties de l'empire.

Syagrius, comte de Soissons, fut vaincu par Clovis, qui affirma, dans cette même ville, son autorité encore contestée, par le meurtre d'un de ses soldats. Tous connaissent cet épisode du *Vase de Soissons*, qui témoigne à la fois du respect de Clovis pour la religion chrétienne, et de la terreur qu'il voulait inspirer à ses troupes encore indisciplinées.

Sous les rois de la première race, Soissons joua un rôle important dans l'histoire de la monarchie naissante des Francs. Au temps de Chilpéric, la ville devint le plus souvent le théâtre des événements funestes qui remplirent ce règne. Disputée par tous les partis, elle tomba en toutes les mains : aujourd'hui austrasienne, demain neustrienne, pillée toujours, victime également de toutes les victoires et de toutes les défaites.

Sous la puissante administration de Charlemagne, Soissons participa à la prospérité du nouvel empire d'Occident.

Louis le Débonnaire y fut enfermé par ses enfants rebelles. Au cours de leurs incursions, les Normands essayèrent vainement de s'en emparer ; les faubourgs seuls eurent à supporter les exactions de ces pillards aventuriers.

L'existence de Soissons fut très agitée sous le pouvoir de ses comtes. Cette ville, qui, lors de l'invasion des Barbares, demeura pendant quelque temps le centre de résistance du monde gallo-romain ; qui, par la victoire de Clovis, avait vu, sous ses murs, se décider le sort de la Gaule, était fière de ses traditions. Aussi fut-elle l'une des premières, au douzième siècle, à se constituer en commune. Le roi Louis le Gros garantit l'exécution de la charte qu'il lui octroya à cet effet.

Soissons souffrit beaucoup pendant les guerres des Bourguignons et des Armagnacs. En 1414, la ville repoussa trois fois les troupes de Charles VI, qui ne put s'en emparer que par la trahison. Une partie de la population fut livrée au bourreau, et l'autre envoyée en exil. Pillée, dévastée, la cité ne présenta bientôt plus qu'un amas de ruines.

En 1514, elle se livra à Charles-Quint qui avait jeté l'épouvante parmi ses habitants, en se présentant sous ses murs avec des forces imposantes. Henri II la fit de nouveau fortifier, et d'importants travaux y furent exécutés. Cependant les guerres de religion lui causèrent encore de grands dommages.

En 1565, une disette effroyable désola Soissons. Les habitants ne durent leur salut qu'à la charité de leur évêque, Charles du Roncy. Un riche marchand proposa à l'évêque de lui acheter le grain dont ses greniers étaient pleins. Le prélat ajourna l'acheteur au lendemain, pour lui permettre d'établir la concurrence avec d'autres marchands, qui, disait-il, lui offraient davantage. Le jour fixé, l'acheteur vint au rendez-vous. Il trouva le pontife entouré de tous les pauvres de la ville, et reçut de lui cette réponse : « Voici mes marchands ; ils me promettent le paradis

« en récompense du pain que je leur donne ; avez-
« vous quelque meilleur prix à m'offrir ? »

Jusqu'en 1814, l'histoire de Soissons ne présente
rien de bien saillant. Les Russes, à cette époque,
vinrent attaquer la place, alors commandée par le
général *Rusca ;* malgré le mauvais état de ses fortifications, elle voulut résister ; mais par suite de la
mort du général elle dut se rendre. On évita le pillage,
grâce au dévouement du brave garde champêtre *Char-
pentier*, qui, en dépit de la fusillade, porta le message
annonçant la reddition.

Soissons, à cette même époque, fut encore deux
fois assiégée et bombardée. Le général de Bulow
transforma le siège en blocus, en laissant un corps
d'observation devant la place.

Du reste, la position de Soissons ne lui permet pas
d'échapper à sa haute et périlleuse destinée. Aujour-
d'hui comme au cinquième siècle, comme au temps
des dernières guerres, cette ville est une des clefs de la
France ; c'est autour de ses remparts que doivent
éternellement manœuvrer les armées qui défendent le
territoire, et les ennemis qui l'attaquent. Elle est au
nord-est la sentinelle qui garde le passage de l'Aisne,
et conséquemment Paris.

Située, comme nous l'avons dit, sur la rive gauche
de l'Aisne, Soissons a une valeur stratégique qui devait
attirer l'attention des Allemands. Cette place commande en effet six grandes routes et deux lignes
importantes de chemin de fer. Mais les hauteurs non
fortifiées qui l'entourent, à une distance variant de

1.700 a 2.500 mètres, créent à la ville un danger évident. Ses fortifications, construites d'après le système de Vauban, forment un quadrilatère de 1.200 mètres sur 800, protégé par onze bastions. En outre, tout est disposé pour dériver les eaux de l'Aisne, et inonder ainsi la partie sud.

Soissons, au début de la guerre, partageait les illusions de la France entière. Ses habitants ne croyaient pas à la possibilité d'un siège ; ils escomptaient, eux aussi, à l'avance, les victoires que nos soldats devaient remporter sur le territoire ennemi. Ces funestes illusions empêchèrent tous préparatifs de défense ; et Soissons, comme, du reste toutes nos places fortes, fut surprise dans un désarroi dont les conséquences ne purent être conjurées. Le 16 juillet 1870, la cité reçut l'ordre de se mettre en état de défense ; la guerre avait été déclarée la veille.

Au moment du siège, la place avait une garnison ainsi composée : 1.800 hommes du 15e de ligne, 3.000 gardes mobiles de l'Aisne (2e et 6e bataillons) à peine vêtus, pleins de zèle, mais tout à fait inexpérimentés ; 230 artilleurs, encore novices ; 115 artilleurs de ligne ; 8 batteries de gardes nationaux mobiles et 30 soldats du génie, sous les ordres de deux officiers ; 500 gardes nationaux sédentaires et une compagnie de sapeurs-pompiers. La discipline de ces troupes était généralement mauvaise, et leur logement chez les habitants ne fit qu'accroître cette cause d'infériorité.

L'artillerie comptait 122 pièces, dont 30 rayées ;

une partie était restée au camp de Chàlons, où elle avait été transportée pour des expériences de tir. Les projectiles se trouvaient en quantité suffisante : il y avait 83.000 kilogr. de poudre et 2 millions et demi de cartouches pour fusils de tous modèles. Les vivres non plus ne manquaient pas.

Les habitants furent invités à s'approvisionner, en prévision d'un siège. On organisa en régiments de marche les bataillons de la garde mobile, et la garde nationale sédentaire reçut des armes.

Le dimanche 4 septembre, parvint à Soissons la nouvelle de l'anéantissement de l'armée du maréchal de Mac-Mahon à Sedan. Bon nombre d'habitants quittèrent alors la ville, afin d'échapper aux souffrances d'un siège et d'un bombardement. Déjà, en effet, les éclaireurs ennemis s'étaient montrés dans la région. Le soir, on apprenait les événements de Paris et la proclamation de la République.

L'autorité militaire hâta les travaux de défense ; elle démolit tout ce qui se trouvait dans la zone réservée et fit sauter les ponts donnant accès dans la ville.

Le 6 septembre, le général marquis *de Linières* vint prendre le commandement de la place. Il adressa de suite une proclamation aux habitants et à la garnison, faisant appel au patriotisme et au dévouement de tous, et rappelant aux soldats qu'il serait inexorable pour ce qui touchait à la discipline militaire.

Cette proclamation était à peine publiée que le général reçut l'ordre de se rendre à Paris, avec tout son état-major.

Soissons ne devait donc plus compter sur aucun secours extérieur, et se trouvait réduite à ses propres forces. Le lieutenant-colonel *de Nouë* continua de prendre des mesures défensives. « Nous avons tous, « dit-il dans un ordre du jour à ses troupes, nous « avons tous pour le moment un devoir à remplir, « c'est celui de nous opposer à la marche de l'ennemi ; « réunissons nos efforts pour ne pas manquer à la « confiance que le gouvernement a mise en nous. »

La ville manquant d'artilleurs, on forma une compagnie de volontaires qui se défendirent courageusement pendant le siège et le bombardement. Cet effectif insuffisant ne laissait pas d'inquiéter les habitants, déjà impressionnés par plusieurs cas de désertion qui s'étaient produits dans les rangs de la garnison.

Le 9 septembre, des cavaliers ennemis parurent à quelque distance et réquisitionnèrent des vivres pour un corps d'armée qui les suivait. En même temps, ils intimèrent l'ordre à l'un des notables habitants de Vailly (1), M. *Brun,* vieillard septuagénaire, de porter une lettre au commandant de la place de Soissons.

Il était nuit. M. Brun objecta que les portes de la ville étaient fermées et qu'il y avait danger à se présenter si tard. L'officier insista. M. Brun, accompagné de M. *Pécheux,* curé de la paroisse, partit alors sous la surveillance de deux cavaliers qui s'arrêtèrent près du pont de la ligne de Laon. Arrivé à

---

(1) Chef-lieu de canton de l'arrondissement de Soissons.

la porte de la ville, M. Brun se fit connaître ; la sentinelle cria : « Qui vive ! » L'officier du poste, croyant avoir affaire à des uhlans, ordonna à la sentinelle de faire feu. M. Brun, blessé légèrement à la cuisse, retourna aussitôt à Bucy (1), où l'officier prussien lui fit des excuses plus ou moins sincères sur la triste issue de sa mission.

Le bruit se répandit aussitôt que les uhlans s'étaient avancés sous les murs de Soissons. Le Conseil de défense prit alors de nouvelles dispositions pour fortifier les travaux de la place. On fit sauter encore plusieurs ponts, on coupa les rails du chemin de fer, et les habitants durent s'approvisionner d'eau, en prévision d'un bombardement.

L'ennemi se rapprochait de plus en plus. Les populations des environs, effrayées, abandonnaient déjà leurs demeures ; les routes étaient couvertes de longues files de bestiaux et de voitures chargées du mobilier de ces pauvres gens qui fuyaient devant l'invasion.

Le 10 septembre, un parlementaire vint demander la reddition de Soissons. Le commandant lui répondit « que la place était bien armée ; qu'elle avait une « garnison imposante et animée du meilleur esprit ; « que les habitants étaient prêts à tous les sacrifices ; « que tout le monde était disposé à s'ensevelir sous « ses murs plutôt que de se rendre. »

L'occupation de la citadelle de Laon vint, sur ces

____

(1) Village du canton de Vailly.

entrefaites, briser les derniers liens qui rattachaient encore Soissons à la France.

On sut bientôt, par les paysans qui fuyaient, que l'ennemi se montrait partout. Le récit des exactions et des violences qui marquaient le passage des Allemands semait le trouble et la consternation parmi ces laborieuses populations.

Du reste, du haut de la cathédrale, on pouvait apercevoir de longues files de fantassins et de cavaliers dont la marche était protégée par de nombreux éclaireurs occupant les hauteurs voisines. C'était le 4ᵉ corps allemand qui, sous les ordres du général Alvensleben, se portait en avant.

Le 14 septembre, le général prussien envoya un parlementaire pour une nouvelle sommation de se rendre. Comme la première fois, le lieutenant-colonel de Nouë répondit par un refus énergique. L'ennemi lança alors trois obus sur la ville et continua son mouvement en vue de la place.

A cette époque, l'administration municipale de Soissons, désorganisée par les dispositions successives et contradictoires prises en vue des élections, se vit définitivement reconstituée. Une Commission fut établie sous la présidence de M. *Henri Salleron*, ancien premier adjoint, aidé dans sa tâche, particulièrement lourde et délicate, par MM. *Choron* et *Dumont*.

II

Le 23 septembre, le lieutenant-colonel de Stülpnagel
reçut du grand-duc de Mecklembourg l'ordre de marcher sur Soissons. Ce même jour, trente-cinq volontaires de la garde nationale, à la suite d'un hardi
coup de main, ramenèrent en ville treize prisonniers,
dont trois mortellement blessés, et une cinquantaine
de chevaux.

Le lendemain, l'armée ennemie, composée de trois
bataillons de landwehr, d'un escadron, d'une batterie
de réserve et d'une compagnie de pionniers, venait
se cantonner à Billy, petit village des environs de
Soissons.

La garnison française tenta d'inquiéter l'ennemi qui
se préparait à l'investissement de la place. Dans cette
rencontre, le major *Denis,* du 15ᵉ de ligne, qui s'était
porté hardiment en avant, tomba, la jambe fracassée;
seize hommes disparurent ou furent faits prisonniers,
et huit blessés.

Les Allemands eurent deux morts (un sergent-major
et un porte-drapeau), quinze blessés, deux chevaux
tués et un blessé. Le lieutenant-colonel de Stülpnagel
avait été lui-même légèrement atteint.

Les jours suivants, l'investissement de la place continua ; des coups de canon furent dirigés sur les travaux de l'ennemi, qui répondit par une fusillade des
plus nourries.

Le 26 septembre, on tenta une nouvelle sortie,
commandée par le capitaine *de Tugny*. Cette expédition avait pour but de chasser les Prussiens du faubourg de Reims et d'incendier leurs abris. Les Français
ne purent déloger l'ennemi des positions qu'il occupait
et perdirent deux hommes ; deux furent blessés. Nos
adversaires, de leur côté, eurent trois officiers, cinq
soldats et deux chevaux blessés. Les cadavres de
deux des nôtres qui restèrent sur le terrain étaient
horriblement mutilés : les Allemands les avaient
lardés de coups de baïonnette.

Le lendemain, des hommes de bonne volonté reçurent la mission d'incendier le faubourg Saint-Crépin,
occupé par les envahisseurs.

Le 28, cette œuvre de destruction fut continuée. Le
même jour, la garnison voulut s'emparer du faubourg
de Reims et de la gare, où l'ennemi s'était établi ;
mais ses efforts n'aboutirent point ; quatre morts et
six blessés furent victimes de cette rencontre. Un
des blessés, le garde national *Leriche,* qui avait pris
part à toutes les sorties, mourut à l'Hôtel-Dieu dans
un accès de fièvre chaude. Une pauvre femme qui,

accompagnée de ses deux petits enfants, essayait de sauver son mobilier, tomba morte sur place, frappée d'une balle en pleine poitrine.

Le général de Selehow, chargé de la direction du siège, arriva le 1ᵉʳ octobre avec son état-major devant Soissons. Il ordonna immédiatement de resserrer le blocus.

M. de Noüe, informé secrètement, le 3, qu'un convoi de vivres très considérable était dirigé sur la ville, envoya le lieutenant-colonel *Carpentier* avec 1.200 hommes du 15ᵉ de ligne et de la garde mobile pour en protéger l'entrée. Cette expédition, bien conçue et vaillamment conduite, eut un plein succès. Dix-huit voitures de vivres purent pénétrer dans la place. Les Français eurent un homme tué et cinq blessés. Les Allemands comptèrent six hommes disparus et neuf blessés, dont trois grièvement.

Le 4 octobre, le vieux zouave *Guilbaut* et quatre volontaires, habillés en campagnards, sortaient de Soissons, conduisant une charrette de fumier dans laquelle était dissimulée une certaine quantité de poudre. Le lieutenant-colonel de Noüe les avait chargés de détruire le pont de Vailly. Ces cinq hommes courageux réussirent dans leur mission périlleuse. Mais ce fait de guerre devait avoir de fâcheuses conséquences.

Le lendemain matin, un bataillon allemand vint pour traverser la rivière à Vailly. Voyant le pont détruit, l'officier qui commandait la troupe rebroussa chemin, en proférant des menaces qu'il ne tarda pas à mettre à exécution.

Pendant la nuit du 6 au 7, des cavaliers, le pistolet au poing, entrèrent dans le village et, au nom du roi de Prusse, arrêtèrent M. *Menessier*, maire, et M. *Legry*, conseiller général du canton. Ces deux citoyens étaient accusés « d'avoir fait sauter le pont. » Conduits aussitôt, sous bonne escorte, à la ferme de la Carrière-l'Evêque, où le général de Selehow avait établi son quartier général, les deux otages furent enfermés dans une froide mansarde où, debouts et brisés de fatigue, ils durent attendre le bon plaisir de leurs bourreaux. Une sorte de conseil de guerre se réunit dans la grande salle de la ferme, et les deux accusés comparurent devant ces juges improvisés. Interrogé longuement, M. Menessier, pour toute réponse, exhiba l'ordre écrit par lequel le commandant de la place prescrivait la destruction du pont. Le général parcourut des yeux ce document et rendit le jugement que voici :

« La ville de Vailly paiera vingt mille francs, à titre
« d'amende, pour l'acte d'hostilité commis sur son ter-
« ritoire. Un des prisonniers va se rendre à Vailly
« chercher la somme ; l'autre restera jusqu'à son
« retour, qui devra avoir lieu aujourd'hui même. »

MM. Menessier et Legry se récrièrent, trouvant l'amende exorbitante ; ils firent observer que la destruction du pont était un fait de guerre ordonné régulièrement par un officier français, et auquel la population civile était restée complètement étrangère ; ils démontrèrent l'impossibilité matérielle de réunir 20.000 francs dans un si court délai.

Le général ne voulut rien entendre. « S'il vous est « si difficile de trouver de l'argent, dit-il, je me char- « gerai d'aller le chercher le lendemain chez les « habitants. » Les deux prisonniers durent se résigner.

M. Menessier fut retenu comme otage, et M. Legry, muni d'un sauf-conduit, se rendit en toute hâte à Vailly, en traversant l'Aisne sur un pont de bateaux établi par les Allemands.

Les habitants du village étaient dans la désolation ; ils croyaient que les deux magistrats avaient été fusillés. Encore heureux d'en être quittes pour une amende, ils se mirent tous en campagne : au bout de deux heures, on avait pu réunir 15.000 francs.

M. Legry jugea cette somme suffisante pour satisfaire la rapacité de l'ennemi et reprit le chemin du quartier-général, accompagné du *baron de Wimpfen,* secrétaire d'ambassade à Berlin au moment de la déclaration de guerre. M. Legry pensait que le caractère de diplomate du baron et sa connaissance de la langue allemande faciliteraient beaucoup le dénouement de l'affaire.

Ils arrivèrent à la ferme à onze heures du soir et furent introduits immédiatement auprès du général qui, après quelques pourparlers avec M. de Wimpfen, consentit à accepter 14.000 francs. Après avoir refusé plusieurs pièces, entre autres des pièces allemandes, après avoir contrôlé et examiné la monnaie avec une ridicule attention, il délivra un reçu. Les deux messagers passèrent la nuit à la ferme, où un officier prussien leur offrait un dortoir commun dans lequel, comme le disait en riant le facétieux personnage, « chacun devait apporter sa botte de paille. »

Dès l'aube, MM. Menessier, Legry et de Wimpfen rentraient à Vailly, où ils furent accueillis avec les plus grandes marques de sympathie.

Le 6 octobre, grâce aux mesures prudentes prises par le lieutenant-colonel de Nouë, un troupeau de deux cents bœufs avait pu entrer à Soissons. M. *d'Auvigny,* qui commandait le détachement de mobiles chargé de protéger ce convoi de bestiaux, profita de cette circonstance pour aller à Saint-Quentin, afin d'activer l'envoi de munitions réclamé depuis longtemps. Il réussit pleinement dans sa mission : 85 tonneaux de poudre, échappant à la surveillance de l'ennemi, pénétrèrent bientôt en ville. Les jours suivants, on continua à fouiller les terrains avoisinants, en lançant des obus sur les endroits suspects.

Cependant le dénûment dans lequel se trouvaient les gardes mobiles paralysait la défense, en affaiblissant le moral de ces troupes. Le commandant fit alors appel à la générosité privée, et put se procurer les vêtements les plus indispensables. D'autre part, l'argent allait bientôt manquer pour la solde de la garnison. Des fonds furent demandés à Saint-Quentin. Le départ du trésorier-général empêcha cette requête d'aboutir. C'est alors que le lieutenant-colonel *Carpentier* partit pour Lille, afin de solliciter du général Espivent des renforts, des vêtements et une somme de 25.000 francs. Le soir même, la place était complètement bloquée.

La nuit du 8 au 9, deux sorties furent tentées, mais sans succès ; la faiblesse des détachements en rendit le succès impossible.

Dans l'une de ces sorties, les nôtres s'emparèrent d'une sentinelle avancée qui fit preuve d'un courage héroïque rappelant le dévouement du chevalier d'Assas. Menacé de mort s'il proférait un seul mot, le soldat allemand n'hésita pas à jeter un cri d'alarme. Aussitôt un coup de feu renversa cet homme ; mais le poste voisin accourut et le détachement français fut contraint de battre en retraite, laissant un mort sur le terrain.

A cette époque, les Allemands reçurent des renforts ; ils relièrent tous leurs avant-postes par des voies de communication, et entreprirent la construction d'un pont à Pommiers (1).

Les villages voisins, que l'ennemi commençait à rançonner, résolurent de se défendre et demandèrent du secours au commandant de la place de Soissons.

Quelques gardes nationaux de *Pasly* et de *Vauxrezis* se réunirent à la *Croix-Blanche*, et, sous le commandement de l'instituteur, M. *Jules Debordeaux*, marchèrent sur Pommiers. Ils tiraillèrent pendant quelques heures pour donner le temps d'arriver aux renforts qu'ils attendaient de la ville. Les Allemands ne répondirent pas, se réservant de tirer une vengence éclatante de cette attaque audacieuse qui, du reste, n'eut aucun résultat.

Dès le lendemain matin, Pommiers étant occupé

(1) Village du canton de Soissons.

militairement, les armes de guerre, les fusils de chasse, etc., étaient saisis. Le maire M. *Vauvillé*, l'instituteur M. *Henry*, le curé M. *Mulot*, et plusieurs autres habitants, se voyaient arrêtés et gardés à vue. Le maire et l'instituteur furent surtout outragés et menacés de mort.

Pendant ce temps, un détachement de cent hommes, commandé par un colonel, arrivait à Pasly. Le maire M. *Deschamps*, et l'instituteur M. *Debordeaux*, se trouvaient à cette heure devant la maison d'école. Le colonel s'avança vers eux. « Vous êtes le maire ? « et vous, l'instituteur ? » dit-il à ces deux hommes. M. Debordeaux répondit simplement : « Oui, monsieur. » Le colonel alors le souffleta, et réclama la liste des gardes nationaux de la commune. L'instituteur alla chercher le document exigé si insolemment. Le colonel prévint alors le maire que le village serait brûlé si on y trouvait des fusils. M. Deschamps protesta, et offrit de livrer les armes qui étaient régulièrement entre les mains des gardes nationaux. Le colonel voulut qu'on lui remît le tout pour le lendemain à midi. Pendant cette remise, l'instituteur fut de nouveau frappé et outragé.

Le lendemain matin eut lieu une scène des plus douloureuses et, disons-le, des plus honteuses. Au moment où les otages de Pommiers allaient partir, un officier s'écria : « On va fusiller les otages et incendier « le village, si les coupables ne sont pas découverts ! » Trois habitants de la commune, les nommés Arthur Arnould, Joseph Leclerc, maçon, et Jean Bertin, eurent l'infamie de désigner à l'ennemi, comme ayant pris part à l'attaque du jour précédent : l'instituteur *Debordeaux,* qui dirent-ils, s'était vanté d'avoir tiré quatre coups de fusil ; MM. *Couscy* et *Planchard.*

Les Allemands, rendus furieux, fouillèrent toutes les maisons de Pasly. Puis, un officier s'écria d'une voix forte, en français : « Qu'on fusille ces deux hommes-« là, entre Cuffies et Pasly, sur la montagne ! » Plus heureux que ses camarades, Planchard avait pu échapper.

Les deux condamnés furent emmenés au milieu de la consternation générale. Ils réclamèrent en vain des juges ; en vain demandèrent-ils grâce au nom de leurs familles. Quand ils eurent gravi la colline, on leur banda les yeux ; et quelques instants après, un feu de peloton annonçait aux habitants de Pasly l'exécution de la sentence fatale. Les Prussiens achevèrent d'un coup de revolver dans l'oreille le malheureux instituteur, manqué deux fois, et abandonnèrent les cadavres sans sépulture.

Pendant cette tuerie, M. Deschamps, maire de Pommiers, dut assister aux perquisitions de l'ennemi cherchant à découvrir des gardes nationaux. Mais ces recherches demeurèrent infructueuses : tous avaient pu échapper. L'officier contraignit alors M. Deschamps de le conduire à Vauxrezis, où pareilles recherches recommencèrent.

Un jeune ouvrier, *Charles Odel,* fut massacré chez lui en défendant sa femme à laquelle les soldats voulaient enlever une cinquantaine de francs, le seul argent que la malheureuse eût en sa possession. Des otages durent assister à ces scènes de meurtre et de pillage.

Les Allemands réclamèrent en plus la liste des gardes nationaux à l'instituteur *Paulette*, qui l'avait détruite la veille. Un traître, l'infâme garde champêtre Poittevin, en avait conservé une copie. Il la livra lâchement, et, pour satisfaire une vengeance personnelle, dénonça comme ayant pris part à l'expédition de Pommiers, MM. *Létoffé* et *Déquirez*. Les Allemands saisirent les armes, réquisitionnèrent cinq charrettes, où ils firent monter les otages avec l'instituteur Paulette et MM. Létoffé et Déquirez, puis le triste cortège prit la route de Vauxbuin, où les otages de Pommiers étaient déjà détenus.

L'instituteur Paulette, MM. Létoffé et Déquirez seuls comparurent devant un conseil de guerre.

Pendant la séance, qui dura cinq heures, on força les malheureux à rester couchés à plat ventre, sur l'herbe complètement mouillée par la pluie de la nuit précédente, les bras croisés sur le visage, et les jambes allongées. Derrière chacun d'eux fut placé un soldat qui, au moindre mouvement, assénait au *coupable* un violent coup de pied ou de crosse de fusil.

Lorsque la sentence eut été rendue, le colonel de Krohn vint trouver le curé de Pommiers, enfermé dans une salle avec le maire de Pasly. « Trois hommes « de votre religion, lui dit-il, sont condamnés à mort ; « remplissez auprès d'eux le devoir que votre minis- « tère vous impose. »

Le digne prêtre tâcha d'adoucir la rigueur de cette sentence odieuse, en appelant aux sentiments d'humanité du colonel allemand ; tout fut inutile. « Je vous « accorde, reprit-il, cinq minutes pour les trois. » Il ne restait plus qu'à obéir.

Paulette, Létoffé et Déquirez, ces trois victimes d'une lâche dénonciation qui ne saurait être trop flétrie, parurent bientôt, se soutenant à peine ; leurs dernières pensées se tournaient vers leurs familles que cette mort allait plonger dans la plus affreuse désolation. Leurs bourreaux les firent agenouiller en cercle, près des trois fosses creusées à l'avance. Puis, on leur donna lecture de la sentence de mort.

Le curé de Pasly s'approcha alors de ces infortunés, reçut leur confession, puis leur adressa ces touchantes paroles : « Restez dans cette attitude humble « et résignée, et demandez pardon pour vos bour- « reaux ; je vais les implorer une dernière fois en « votre faveur. »

Le charitable ecclésiastique s'avance alors vers le colonel de Krohn, et, un genou en terre, il le supplie de nouveau, au nom de l'humanité, de commuer la peine de mort en prison perpétuelle. « Non, répondit « l'intraitable Prussien, justice sera faite ; le conseil a « prononcé à l'unanimité » ; et il donna le signal fatal.

Par un raffinement inouï de cruauté, Létoffé, Paulette et Déquirez furent fusillés successivement ; et on força les otages à enterrer les morts et à piétiner sur le sol qui recouvrait leurs restes.

Cette horrible tuerie jeta la consternation dans

toutes les localités voisines, qui s'attendaient à pareil traitement.

Du reste le colonel prussien en avertit le curé de Pommiers, qui demandait à rentrer dans sa paroisse. « Non, non, dit-il ; il y aura encore des condamnés, « et vous serez chargé de les confesser. » L'abbé Mulot, indigné, déclara courageusement que jamais il ne consentirait à « accepter les fonctions d'aumônier des exécutions prussiennes. »

Toutefois ces menaces n'eurent pas d'autres suites. Les otages furent remis en liberté après la reddition de la place. Mais pendant ces longues heures d'angoisses et de privations, ils s'attendaient chaque jour à entendre l'appel de leur nom pour marcher au supplice.

Ajoutons que les lâches qui avaient trahi leurs concitoyens reçurent en 1872, des tribunaux français, la peine de leur action infâme. Poittevin et Arnould furent condamnés à mort ; Leclerc et Bertin, à dix et cinq ans de travaux forcés. On exécuta Poittevin ; Arnould, dont la peine avait été commuée, fut déporté à la Nouvelle-Calédonie.

Une plaque de marbre avec inscription commémorative fut placée en 1872 dans la cour de l'école normale de Laon, pour rappeler aux jeunes élèves-maîtres le souvenir des instituteurs *Debordeaux* et *Paulette,* et d'un de leurs collègues, *Jules Leroy,* de Vendières, également condamné à mort par les Allemands en janvier 1871.

III

Le 11 octobre, le grand-duc de Mecklembourg s'approcha de Soissons, et l'ennemi commença aussitôt la
construction de ses batteries de siège et l'ouverture
des tranchées. Le lendemain, après trois hurrahs
poussés en l'honneur du roi de Prusse, trente-deux
canons de siège et douze pièces de campagne ouvrirent le feu contre la place, sans aucune sommation
préalable.

Les premiers obus accablèrent les quartiers situés
au sud de la ville, ainsi que l'arsenal, et le magasin à
fourrage, qui fut bientôt en flammes. En moins d'une
heure, la place eut huit pièces démontées, et plusieurs artilleurs grièvement blessés. Cependant la
lutte, quoique inégale, était soutenue par la forteresse
avec beaucoup de ténacité.

Le feu de l'ennemi redoubla de violence vers la fin
du jour ; nos batteries répondirent vigoureusement.
Mais nous eûmes à déplorer une perte cruelle, celle

de l'intrépide maréchal des logis *Olagnier*, blessé à mort.

Pendant la nuit, les artilleurs et les soldats français du génie, aidés de leurs camarades de l'infanterie et des mobiles, travaillèrent, malgré leur fatigue, à réparer les désastres de cette première journée.

L'ennemi, qui ne s'attendait pas à une aussi énergique résistance, lança encore des obus. Craignant de révéler la présence des travailleurs, la place ne répondit pas.

Les batteries allemandes avaient beaucoup souffert du feu des assiégés.

Le grand-duc de Mecklembourg, en présence du feu violent et nourri dirigé contre l'armée assiégeante, ordonna pour le lendemain un feu plus ferme sur l'artillerie de la place, et plus de vigueur dans le bombardement.

En effet, le 13 octobre, dès six heures du matin, la canonnade reprit avec une nouvelle intensité. Nos artilleurs ripostèrent vigoureusement. Mais, vers onze heures, sept victimes, tuées ou blessées grièvement, tombaient sous les coups de l'ennemi. Le jeune et vaillant lieutenant *Josset*, témoin de la douleur de ses hommes, releva leur courage par des paroles chaleureuses, et fit transporter les blessés dans la casemate de l'arsenal.

Les projectiles allumèrent de nombreux incendies, que l'on parvint à éteindre, grâce aux provisions d'eau faites dans chaque maison.

La Petite-Caserne, convertie en ambulance, contenait plus de 150 malades ou blessés. On dut évacuer ces malheureux sur l'Hôtel-Dieu. L'incendie, allumé par un obus, dévorait déjà toute la partie supérieure du bâtiment.

Vers midi, un parlementaire, le capitaine comte de Schleitten, se présenta à la porte Saint-Martin, pour demander la redition de Soissons. Le commandant de Nouë, après avoir protesté contre le feu mis à une ambulance et contre le bombardement de la ville, déclara « que son honneur ne lui permettait pas de « capituler avec les moyens qu'il avait encore à sa « disposition, et la situation de la place ; il attendait « donc l'assaut sur la brèche. » On profita de ce court moment de répit pour éteindre les incendies.

A peine le parlementaire avait-il quitté Soissons que le bombardement reprend avec rage. Les projectiles pleuvent sur la ville ; les toits, les cheminées s'écroulent ; et vers six heures l'hôpital est en feu. Trois cents personnes, femmes, vieillards et enfants, y étaient renfermées. On parvint à sauver tous ces malheureux affolés de frayeur, sauf une vieille femme atteinte mortellement par un éclat de bombe. L'ennemi continua à lancer des shrapnels (1) sur le foyer de l'incendie, et bientôt l'hôpital ne fut plus qu'un monceau de ruines.

Les Allemands ont cherché plus tard à excuser cette action de barbarie, en prétendant que le drapeau flottant sur un pignon leur avait fait prendre l'hôpital

____

(1) Shrapnel. — Obus à balles qui portent le nom de leur inventeur, le colonel anglais *Shrapnel.*

pour une caserne. Pareille *erreur* se produisit si souvent pendant la guerre de 1870, qu'il est permis de douter de cette assertion intéressée.

L'artillerie de la place, admirablement dirigée par le lieutenant Josset, seul officier restant de son arme, avait infligé à l'ennemi des pertes sensibles ; elle justifia cette opinion que le major allemand Gartener avait exprimée sur sa valeur, dès les premiers jours du bombardement : « *L'artillerie française est digne « des plus grands éloges.* »

Les travaux de réparations purent encore se poursuivre et s'achever pendant la nuit, malgré le feu continu de l'assiégeant.

Le 14, dès le matin, la lutte recommença avec plus d'acharnement que la veille. Nos artilleurs, en dépit des pertes qu'ils avaient subies, soutinrent le feu avec un courage tranquille et intrépide. Vers cinq heures, le clocher de la chapelle de la Croix s'effondra avec bruit, et sa chute fut saluée par les hurrahs de l'armée prussienne.

Dans la journée du 15, le feu continua avec la même intensité de part et d'autre. Les rues de la ville, jonchées de débris, restaient mornes et désertes. La plupart des édifices, des établissements publics et un grand nombre de maisons particulières étaient en partie détruits par les projectiles et les incendies.

A la vue de toutes ces ruines, M. *Salleron*, président de la Commission municipale, crut de son devoir d'adresser au commandant de place un exposé exact de la situation de la ville. Tout en reconnaissant les sacrifices qu'imposait le patriotisme, il insistait sur cette pensée que les seuls sacrifices possibles étaient ceux que l'on pouvait croire rigoureusement utiles. Soissons n'avait-elle pas, par sa défense énergique, couvert suffisamment la responsabilité militaire de son commandant ?

« A vous d'apprécier, disait, en concluant, le digne « magistrat, jusqu'à quelle limite on doit aller pour « avoir bien mérité de la patrie, ou si de plus grands « sacrifices sont nécessaires et possibles. »

La situation militaire de la place, du reste, ressemblait à celle de la ville. La plupart des officiers étaient ou malades ou blessés ; les magasins, les fours, brûlés, ainsi qu'une partie du matériel de rechange.

Le lieutenant-colonel de Nouë réunit alors le Conseil de défense ; celui-ci décida qu'il y avait lieu d'entamer des pourparlers en vue de la capitulation. Vers cinq heures du soir, on cessa le feu, et le chef du génie *Mosbach* se rendit au camp ennemi.

Le grand-duc de Mecklembourg ordonna au colonel de Kronsky d'accompagner M. Mosbach chez le commandant de la place et de lui proposer les conditions déjà stipulées pour la reddition de Toul et de Verdun. A une heure, le colonel prussien quitta Soissons, porteur du projet de capitulation.

Ce fut la mort dans l'âme que le lieutenant-colonel de Nouë le signa. Son passé glorieux, les actes de courage qui avaient signalé sa carrière militaire, le sang guerrier qui coulait dans ses veines, tout lui faisait considérer cette action comme un déshonneur.

Après une défense héroïque de quatre jours, en voyant une brèche ouverte à la muraille, la situation lamentable des blessés et de la population civile, il jugea ne pouvoir demander à ses concitoyens de plus grands sacrifices ; les larmes aux yeux, il dut s'avouer vaincu.

Les artilleurs français, en apprenant que la place allait se rendre, se tinrent pour outragés dans leur honneur. Furieux, ils brisèrent leurs armes, enclouèrent les canons et détruisirent les munitions, considérant la capitulation comme une insulte sanglante à leur vaillance. Honneur à ces héros dont la fatigue et la maladie n'avaient pu abattre le courage !

Le Conseil d'enquête fut plus que sévère à l'égard du lieutenant-colonel de Nouë : il le déclara impropre à exercer un commandement, en raison de sa profonde incapacité et de sa grande faiblesse. On lui reprocha également de n'avoir pas su maintenir la discipline dans les troupes placées sous ses ordres.

Les soldats allemands apprirent avec une joie inexprimable la nouvelle de la capitulation.

Le 16 octobre, vers deux heures de l'après-midi, le grand-duc de Mecklembourg entra en ville par la porte Saint-Martin. Après avoir passé ses troupes en revue devant la cathédrale, il leur fit regagner leurs cantonnements, à l'exception d'un escadron et de quatre bataillons qui demeurèrent dans la vaillante petite cité.

95 officiers, 4.633 sous-officiers et soldats, 120 canons, des quantités considérables de munitions de

guerre, de provisions de bouche, de fourrages et d'objets d'équipement tombèrent au pouvoir de l'ennemi, qui trouva environ 150.000 francs dans les caisses publiques.

Le voyage des troupes françaises sur le chemin de l'exil fut marqué par un drame des plus douloureux. Escortés par 800 Allemands, les prisonniers suivaient la route de Château-Thierry. A huit heures du soir, le convoi s'engageait dans les bois d'Hartennes, quand des coups de feu partirent de la tête de la colonne. L'ennemi crut à une attaque de francs-tireurs. Profitant de la confusion générale, 2.000 prisonniers parvinrent à fuir à travers les bois. On tira sur ces fuyards qui se dispersèrent dans les taillis. Eux et leurs gardiens, ignorant la cause de ce tumulte, se jetèrent pêle-mêle dans les fossés qui furent bientôt comblés. « J'avais pour ma part, dit l'un de ces pri-« sonniers, un gros landwehrien sur le corps. Il « tremblait de tous ses membres, croyant que nous « étions délivrés par les nôtres. Il me caressait la « tête en disant : « *Bonne française ! Bonne fran-*« *çaise !* » Mais quand ses camarades et lui furent « relevés, quand ils virent que nous étions toujours « en leur pouvoir, mon gros Allemand me gratifia « des plus furieux coups de crosse que j'aie reçus « sur le chemin de l'Allemagne. »

L'ordre rétabli, la colonne se remit en marche, et, près d'Oulchy, les prisonniers durent passer la nuit sur la terre détrempée par la pluie. Le lendemain, ils reprirent leur triste odyssée. Après leur départ, les habitants des villages voisins recueillirent dans le bois les cadavres de sept mobiles et trois blessés. Un monument a été élevé sur place en mémoire de ce drame douloureux.

Les pertes des Allemands depuis le début de l'investissement jusqu'au jour de la capitulation de Soissons furent de 118 hommes tués et 6 disparus. Nous comptions de notre côté 51 tués ou morts des suites de leurs blessures ; plus, 30 militaires ou mobiles, morts de maladies.

Environ 8.400 projectiles avaient été lancés sur la ville par les assiégeants.

Pendant l'occupation allemande, Soissons eut pour commandant de place le colonel de landwerh Stülpnagel, installé à la sous-préfecture. Le lieutenant-major Halke appartenait également à la landwerh. Ces deux officiers furent remplacés ensuite par des Saxons et par des Bavarois. Mais la ville ne gagna rien à ces divers changements ; car tous eurent pour devise : « La force prime le droit. »

Les habitants durent loger les troupes allemandes ; mais la nourriture fut fournie par les magasins de la ville. Les soldats de passage seuls étaient à la charge de la population.

Du 16 octobre 1870, date de l'occupation, au 23 septembre 1871, date de l'évacuation, Soissons supporta en moyenne une garnison de 110 officiers, 2.100 hommes et 315 chevaux. Les réquisitions furent nombreuses, l'ennemi en fit un véritable abus.

Signalons, comme un des premiers actes de l'administration allemande, l'enlèvement du drapeau tricolore qui flottait au fronton de l'hôtel-de-ville. Ces couleurs offusquaient, paraît-il, la vue du grand-duc de Mecklembourg.

Grâce à l'énergie et à la persévérance de ses administrateurs, Soissons put échapper au paiement d'une somme de 231.280 francs qu'on lui réclamait pour sa part contributive dans les impôts.

Les Allemands établirent plusieurs ambulances pour leurs malades et leurs blessés ; l'entretien de ces ambulances, laissé à la charge de la ville, fut très onéreux.

Dans la nuit du 27 au 28 octobre 1871, une sentinelle ennemie, placée à la porte de la Petite-Caserne, reçut un coup de feu d'un inconnu. De ce chef, la ville se vit condamnée à payer une contribution de quarante mille francs. La Commission municipale adressa une proclamation aux habitants pour les inviter à rester calmes et prudents et empêcher le renouvellement d'actes aussi préjudiciables à la cité.

Des brutalités, des humiliations sans nombre atteignirent les habitants. Nous ne rapporterons pas ces divers incidents en détail ; ils auraient peu d'intérêt pour nos lecteurs. Rappelons, toutefois, pour mémoire, un fait affirmé comme authentique et qui prouve la rapacité des Allemands, à quelque classe qu'ils appartiennent.

Pendant le siège de Soissons, le grand-duc de Mecklembourg occupait le château de Puységur, à Buzancy. Parmi de glorieux souvenirs de famille s'y voyait le bâton du maréchal Saint-Arnaud. Le général le trouva à sa taille, s'en empara, et laissa à sa place... un simple reçu !

La convention passée entre la France et l'Allemagne vint enfin mettre un terme aux ennuis de l'occupation ennemie.

Le 23 octobre 1871, les troupes allemandes quittèrent Soissons avant neuf heures du matin, après l'avoir occupée depuis un an. Le deuil de la cité prenait fin ; aussi elle se pavoisa instantanément pour fêter sa délivrance ; une compagnie du 114ᵉ de ligne vint prendre possession de la place. Les soldats français furent accueillis aux cris répétés de *Vive l'armée ! Vive la France !*

M. Salleron, dont la conduite comme maire avait été si digne et si patriotique, fut nommé chevalier de la Légion d'honneur : juste récompense des services rendus à ses concitoyens pendant ces inoubliables jours d'épreuves.

VERDUN

I

Les fortifications de Verdun (1), tracées par Vauban, consistent en une citadelle séparée de la ville par une esplanade et en une enceinte fortement bastionnée, dont les abords peuvent être inondés en exhaussant les cinq canaux qui traversent la cité dans diverses directions.

La position de cette place, voisine de la grande plaine de la Woëvre et des défilés de l'Argonne, est très importante comme point de passage sur la Meuse.

Sous le nom de *Virodunum*, Verdun fut la capitale des Claves, peuplade « féroce et inculte. »

En 485, Syagrius, général romain, vaincu à Soissons et poursuivi par Clovis l'épée dans les reins, vint s'y établir ; mais, cet asile lui paraissant trop peu

(1) Verdun, sous-préfecture du département de la Meuse ; 18.000 hab.

sûr, il se réfugia chez les Wisigoths qui, un peu plus tard, le livrèrent au roi franc. Comme Verdun refusait de reconnaître l'autorité de Clovis, celui-ci vint en personne l'assiéger et la força à capituler, en 502.

Vers 778, Charlemagne, pour punir la ville de son refus de recevoir un évêque de race italienne nommé par lui, détruisit ses antiques murailles ; puis, il en fit transporter à Aix-la-Chapelle les plus grosses pierres, pour servir à la construction de la fameuse église à laquelle la cité allemande doit son nom.

Verdun est encore célèbre par le traité de 843 qui partagea l'empire carlovingien et devint pour la France et l'Allemagne le point de départ de leurs histoires distinctes.

Elle fit partie successivement des Etats de Lothaire et de Charles le Chauve, et se trouva mêlée aux événements qui troublèrent cette période de notre histoire. Les Normands la brûlèrent en 889. Elle eut également à souffrir lors de l'invasion des Hongrois en Lorraine.

En 983, Lothaire, roi des Francs, l'assiégea ; le comte Geoffroy le Barbu défendait la cité. Celui-ci ayant été fait prisonnier dans une sortie imprudente, la ville fut contrainte d'ouvrir ses portes au vainqueur. Elle resta au pouvoir des Français jusqu'en 986, époque de sa réunion à l'Empire germanique.

Verdun fut plusieurs fois ravagée et brûlée pendant les guerres que ses comtes eurent à soutenir, tantôt contre leurs voisins, tantôt contre l'Empereur ou contre l'évêque. Ces guerres durèrent jusqu'au XVᵉ siècle.

En 1544, la ville fut occupée par une garnison allemande que lui imposa Charles-Quint. Puis elle eut à souffrir des luttes entre les protestants et les catholiques. Richelieu, malgré les remontrances du roi, fit construire la citadelle en 1624.

Le 30 juin 1792, le roi de Prusse et le duc de Brunswick vinrent, avec une armée de quarante à cinquante mille hommes, occuper les hauteurs de la côte Saint-Michel qui dominent la cité.

Le chef de bataillon *Beaurepaire*, commandant de la place, n'avait qu'une garnison dé 3.500 hommes à opposer à l'armée ennemie. Certes, les forces étaient trop disproportionnées pour qu'il pût espérer être victorieux ; mais, en retenant quelque temps les Alliés loin du cœur de la France, il aurait donné au gouvernement le loisir d'organiser la défense de la patrie envahie. Sommé de se rendre, Beaurepaire refusa donc avec énergie. Mais les habitants, décidés à capituler, murmurèrent, et leur colère augmenta lorsque les premiers projectiles tombèrent sur la ville. Le bombardement commença le 31 août, fut suspendu, puis repris.

En présence de ces dispositions hostiles, le commandant crut de son devoir de convoquer le Conseil de défense. Celui-ci conclut à la reddition. Beaurepaire, alors, se leva, prit un pistolet ; puis, jetant un regard de mépris sur l'assemblée, il s'écria avec dédain : « Vous êtes tous des lâches et des traîtres ; déshonorez-vous sans moi. » Et il se brûla la cervelle.

Le plus jeune des officiers supérieurs présents fut

chargé le lendemain de porter le texte de la capitulation au roi de Prusse. C'est à Marceau qu'échut cette pénible mission. Il essaya vainement de s'en décharger ; mais, avant de partir, il brisa son sabre. « Que faites-vous ? » lui demanda M. de Noyon, successeur de Beaurepaire. — « Je ne veux pas, répondit « Marceau, qu'il soit dit qu'ayant au côté un sabre, « avec lequel je pouvais me défendre ou me tuer, j'aie « porté à l'ennemi une capitulation qui nous déshonore « tous. »

Le roi de Prusse, entouré dè son état-major, attendait le jeune officier. Marceau voulut parler, mais les larmes lui coupèrent la voix. Le roi, touché, essaya de consoler le futur héros, qui releva bientôt la tête, presque honteux de ce court moment de faiblesse. « Sire, répondit-il au roi, une seule chose console un « Français d'une défaite, c'est une victoire. »

Le roi de Prusse s'inclina devant cette douleur patriotique et fit reconduire Marceau avec les honneurs que la guerre accorde aux parlementaires. Le jeune messager rejoignit l'armée française qui se dirigea sur Sainte-Menehould.

Dans cette campagne, Marceau avait perdu son équipage, ses chevaux et son argent. « Que voulez-« vous qu'on vous rende en échange des pertes que « vous avez faites ? » lui demanda un représentant du peuple. — « Un autre sabre », dit Marceau.

Le lendemain (4 septembre 1792), la ville ouvrait ses portes au vainqueur.

Les dames de Verdun, parées de leurs habits de

fête, se portèrent au-devant des Prussiens pour offrir
à leurs chefs des fleurs et des dragées. Douze d'entre
elles furent condamnées et moururent sur l'échafaud,
le 26 avril 1794.

Hâtons-nous d'ajouter que, plus tard, la population
de Verdun racheta ce moment de défaillance, en
envoyant sur les champs de bataille nombre de ses
enfants qui payèrent la dette de leurs pères, et qu'en
1870 cette ville opposa une résistance des plus coura-
geuses aux armées allemandes.

Verdun formait, en 1870, la tête de ligne du chemin
de fer du camp de Châlons à Metz (1). La possession
de cette place était très importante, en ce sens qu'elle
eût pu fournir un excellent appui à l'armée de Bazaine,
si celle-ci était sortie de Metz.

La ville, bien fortifiée pour résister de près, est
dominée par des hauteurs situées à moins de deux
mille mètres, qui, à cette époque et avec l'artillerie à
longue portée, en rendaient toute défense prolongée
impossible.

Verdun, comme du reste la plupart de nos places
fortes, n'avait pas été organisée pour la défense. Son
armement était défectueux et insuffisant, ses munitions
en petite quantité. Les vivres pouvaient suffire pour
quelques mois seulement.

La garnison, au 17 août, époque à laquelle Verdun
commença à être inquiétée, était forte d'environ
4.200 soldats provenant de deux dépôts d'infanterie,

(1) Les rails n'étaient pas encore posés entre Verdun et Metz.

d'un dépôt de chasseurs à cheval et de gardes nationaux mobiles et sédentaires. L'artillerie comptait
3 officiers, 75 canonniers et 148 hommes du train.
Les mineurs étaient au nombre de 30, commandés par
3 officiers. L'armement se composait de 46 pièces
rayées, 50 lisses et 20 mortiers ; mais les affûts étaient
défectueux, en ce sens qu'ils se prêtaient mal au tir
à longue distance.

A Verdun comme partout, on avait confiance dans
l'étoile de la France ; on attendait les événements
sans crainte, escomptant le succès de nos armes.
C'est sous l'empire de ces sentiments que les préparatifs de la défense furent entrepris ; on dégagea les
abords de la place dans la première zone de servitude
militaire, on abattit tous les arbres, on détruisit les
clôtures et les abris des jardins d'agrément, on invita
les habitants à se pourvoir de vivres pour six semaines ; on prit, en un mot, toutes les dispositions
nécessaires pour accomplir le devoir sacré que la
gravité des circonstances imposait à chacun.

L'ennemi, à ce moment, était à environ deux jours
de marche de la place.

L'empereur, venant de Metz, arriva à Verdun dans
l'après-midi du 16 août ; il était escorté par une
brigade de cavaliers, sous les ordres du général Margueritte, qui, le 6 septembre, devait mourir des
blessures reçues en combattant vaillamment dans la
néfaste journée de Sedan.

Napoléon III s'arrêta environ deux heures à Verdun ;
il parut étonné qu'on n'eût construit aucun fort sur

les hauteurs environnantes. Une partie de l'escorte impériale demeura plusieurs jours campée sur les glacis de la place. Ces braves cavaliers racontaient aux habitants les péripéties des combats auxquels ils venaient d'assister ; et, loin de perdre confiance, ils espéraient bientôt d'éclatantes revanches.

Les chasseurs d'Afrique égayaient leurs auditeurs par le récit d'un épisode du combat de Pont-à-Mousson. Un dîner de trois cents couverts avait été commandé par les Allemands à la *Croix-Blanche,* pour être servi le soir même sous les arcades dont la grande place est entourée. Or, lesdits chasseurs d'Afrique (*les bouchers bleus,* comme les appelaient au Mexique les lanciers de Juarès) poursuivaient alors les Prussiens qu'ils avaient réussi à chasser de Pont-à-Mousson. A leur retour en ville, ils trouvèrent le couvert mis, prirent place à table et firent grand honneur au dîner que l'aubergiste n'avait pourtant point préparé à leur intention.

A ce combat de Pont-à-Mousson, le général *Margueritte* se trouvait au milieu de la mêlée, sa canne en main en guise de sabre. Pendant l'action, un officier de houzards, à l'uniforme noir, galonné d'argent de la tête aux pieds, s'élança sur le colonel français *Cliquot* et fit feu à bout portant. Le colonel baissa la tête brusquement et put éviter la balle, qui perça le tacounet de son ordonnance, le chasseur *Mallet.* Jetant alors son arme inutile, le Prussien se précipita, sabre haut, vers le général et lui asséna sur la tête un coup terrible. Margueritte put le parer à temps avec sa canne, et la lame fendit seulement la visière du képi.

« Vous n'êtes qu'un maladroit! » lui dit tranquillement le général.

Le colonel Cliquot riposte alors par un vigoureux coup de pointe, mais son épée se brisa contre une épaisse cuirasse en cuir bouilli que le houzard portait sous son dolman.

Ces récits et mille autres, narrés par nos troupiers, intéressaient au plus haut point les habitants ; et lorsque plus tard on apprit la mort du général Margueritte, les Verdunois comprirent mieux que tous autres la perte immense que faisaient en lui la France et notre armée.

La brigade Margueritte quitta la ville pour prendre la route de Clermont-en-Argonne et de Châlons. Elle arrivait à peine à sa première étape, que déjà les éclaireurs prussiens étaient signalés devant Verdun. Tout faisait prévoir une attaque imminente.

II

Apparition des troupes prussiennes. — Le prince Georges de Saxe et le général Guérin. — Les gardes forestiers. — Le cimetière de la guerre. — On complète la défense de Verdun. — M. Violard, de Charny. — Le général Marmier. — Les évadés de Sedan. — Les prisonniers allemands. — Le capitaine Russière. — Les compagnies franches. — M. et Mme Junon.

Le 23 août, on apprit par des habitants de la campagne que des forces importantes s'avançaient et paraissaient vouloir s'établir au nord-est de la ville.

Ces bruits se confirmèrent et, le 24, à neuf heures du matin, le canon d'alarme retentit. Toutes les hauteurs environnantes étaient occupées par un corps ennemi, sous les ordres du prince Georges de Saxe. Ce corps saxo-prussien était fort de 15.000 hommes, dont 5.000 campaient aux abords de la place.

Aussitôt une canonnade formidable, soutenue par une mousqueterie vigoureuse, attaqua les remparts du côté de l'est, pendant qu'une grêle de projectiles s'abattait sur la ville.

A cette vive attaque, la place riposta avec vigueur, et bientôt ses coups allèrent porter la mort et l'effroi parmi les assiégeants.

Pendant ce bombardement, des tirailleurs ennemis s'étaient avancés jusqu'au faubourg Pavé, d'où, embusqués aux ouvertures des maisons et dans les jardins, ils s'efforçaient d'atteindre les défenseurs des remparts. Mais bientôt ces assaillants, que nos soldats avaient aperçus, furent obligés de se retirer, laissant nombre des leurs sur le terrain.

Le feu cessa vers dix heures et demie, et un parlementaire se présenta à l'hôtel de la subdivision, où il somma le général *Guérin de Waldersbach,* commandant supérieur, de lui rendre la place.

« — Au nom de qui me faites-vous cette somma-
« tion? » demanda le général.

L'officier saxon parut hésiter.

« — Je suis le général Guérin, et je ne répondrai
« que quand je connaîtrai celui qui m'attaque. »

« — C'est le prince Georges de Saxe », répondit le parlementaire.

Alors le général Guérin lui fit cette fière réponse :

« — Eh bien ! Monsieur, dites au prince Georges « que, tant qu'il restera pierre sur pierre à Verdun, « nous nous défendrons, et que notre résolution est « de nous ensevelir sous les ruines de la ville, plutôt « que de nous rendre.

« — Je m'attendais à cette réponse », reprit en souriant l'officier saxon.

On lui banda les yeux, et il quitta la place.

Le parlementaire était à peine rentré dans son camp, que les batteries ennemies reprenaient leur feu ; puis, celui-ci diminua graduellement ; et, vers la fin du jour, il avait complètement cessé.

Pendant la nuit, l'armée allemande abandonna précipitamment ses positions, et prit la direction de Sedan.

Au cours de cette journée, environ 2.500 obus étaient tombés sur la ville. L'artillerie de la place avait riposté avec une telle vigueur, qu'elle démonta un grand nombre de pièces. Elle fit de tel ravages dans les rangs des assiégeants, qu'ils emportèrent plus de 80 morts ou blessés, dont un général.

Les Allemands, partis pour venir *déjeuner à Verdun,* étaient tellement exaspérés de cette résistance à laquelle ils ne s'attendaient pas, que le vieux commandant saxon qui dirigeait l'attaque s'arrachait les cheveux de désespoir.

Les assiégés avaient 7 tués et 18 blessés, dont

quatre moururent depuis. Les dégâts matériels ne furent pas aussi désastreux que la violence du tir et la quantité de projectiles lancés pouvaient le faire craindre. 80 maisons et édifices étaient plus ou moins endommagés.

Pendant cette journée si glorieuse pour Verdun, un ancien brigadier d'artillerie, une fois sa pièce pointée, montait, sans souci du danger, sur les remparts pour juger de la justesse de son coup ; il en redescendait ensuite, et d'un air goguenard : « Ce n'est « pas plus malin que ça ! » disait-il à ses camarades.

La conduite des gardes forestiers de l'arrondissement mérite aussi d'être signalée à l'admiration publique. Le garde *Scolobrino*, brigadier à Haudainville, effectua plus tard deux fois le voyage de Verdun à Metz, emportant et rapportant des dépêches de la plus haute importance. Il reçut, en novembre 1871, une somme de deux mille francs, pour le récompenser de sa belle conduite. Deux autres gardes, *Guillemin* et *Braidy*, firent également le voyage de Metz. Braidy fut arrêté au cours de sa mission aventureuse, et emmené prisonnier en Allemagne. Les gardes fournirent en outre des renseignements précieux et de la plus grande utilité sur les mouvements des troupes allemandes autour de Verdun.

Le 25 août eurent lieu les funérailles des citoyens et soldats tombés dans la journée du 24, victimes de leur devoir. La population tout entière, silencieuse et en vêtements de deuil, le cœur serré par une patriotique douleur, conduisit au champ du repos, appelé

depuis le *Cimetière de la guerre*, ces nobles victimes,
« dont le souvenir devait apprendre aux générations
« futures comment on sait mourir pour défendre
« son pays (1). »

« Reposez en paix ! dirons-nous avec le général
« *Marmier ;* le souvenir de votre belle mort ne s'effa-
« cera pas de la mémoire des vôtres !

« Honneur à la population qui compte parmi elle
« d'aussi braves citoyens ! »

L'attaque du 24 août avait révélé les côtés faibles
de la place.

Les faubourgs, qui pouvaient offrir un danger réel
pour la défense, furent minés et démolis ; on rasa
tout ce qui restait dans la première zone. Ces mesures
inexorables, mais indispensables, forcèrent près de
trois cents familles, dépossédées de leurs habitations,
à chercher asile ou dans la ville, ou dans les localités
voisines. On ne respecta que le *Gros peuplier*, géant
plus que séculaire, qui avait vu les Prussiens de
Brunswick, de Blücher et de Frédéric-Charles, et qui
avait entendu siffler autour de lui, sans être touché,
les bombes de 1792.

Puis on se mit à l'œuvre pour compléter la défense.
Tous les habitants, sans distinction de classes, prê-
tèrent leur concours à l'autorité militaire ; on vit des
fonctionnaires, des avocats, des notaires, traîner la
brouette ou manier la pelle.

On craignait une attaque nocturne ; mais la tactique

—————

(1) Extrait du discours du sous-préfet de Verdun.

allemande évita, pendant toute cette guerre, ces coups de main qui eussent nécessité un assaut. Nos ennemis préféraient le bombardement et l'entrée triomphale au milieu des ruines fumantes, à une attaque de vive force par la brèche ouverte.

Ce système était moins dangereux et plus en rapport avec les idées de Bismarck, qui voulait anéantir la France, tout en ne lui épargnant aucune humiliation.

Que l'Allemagne le sache bien, si les événements de 1870 ont laissé dans nos cœurs des ressentiments que nous ne saurions contenir, et qu'il n'est pas en notre pouvoir de faire disparaître, c'est uniquement parce qu'elle s'est acharnée à vouloir fonder sa grandeur sur l'abaissement de la France, sur la mutilation de notre patrie !

Cependant, les événements de Sedan retenaient l'armée ennemie autour de cette ville ; et, grâce à la faiblesse de l'armée d'investissement, les assiégés purent travailler à leur aise sur les remparts.

Le 29 août, se produisit à Charny, village situé à 9 kilomètres de Verdun, un fait qui montre avec quelle rigueur les Prussiens traitaient la population civile soupçonnée d'avoir participé à quelque fait de guerre. Un notable habitant, M. *Violard,* ancien notaire, fut accusé d'avoir prêté ou laissé prendre des chevaux, afin d'aller demander à la place aide et secours pour chasser une cantinière et des soldats allemands qui dévalisaient le moulin de Charny. Malgré ses protestations d'innocence, il fut condamné à être passé par les armes. Violard marcha sans faiblesse au supplice ;

il fut fusillé au pied d'un petit coteau, entre Bras et Vacherauville.

La mort de M. Violard, qui était âgé de soixante ans, causa une indignation profonde à Verdun. Le commandant prussien à Charny autorisa la célébration d'un service funèbre, auquel assistèrent les membres de la famille et de nombreux habitants des localités voisines, en habits de deuil. On remarqua beaucoup la présence, dans l'église, d'un soldat allemand en uniforme, qui ne cessa de verser des larmes pendant toute la cérémonie. Peut-être avait-il souvenir d'un bienfait de l'homme de bien que ses chefs venaient d'immoler dans le seul but de terrifier la population !

Le 3 septembre, le général Guérin dut, pour cause de santé, remettre le commandement supérieur au général *Marmier*, frère du célèbre écrivain. Ce vaillant officier, accouru d'Afrique pour défendre son pays, n'avait pu rejoindre le corps d'armée qu'il était appelé à commander.

Le même jour, un parlementaire vint annoncer la capitulation de l'armée française et de l'Empereur à Sedan ; puis il demanda la reddition de la place de Verdun, à peine de reprise immédiate du bombardement. Le commandant répondit par un refus absolu.

Le lendemain, les premiers échappés de Sedan arrivèrent en ville, et confirmèrent, avec détails navrants, l'effroyable désastre.

Le 6 septembre, le général Marmier fit placarder la proclamation suivante : « Nous sommes menacés d'une « nouvelle attaque ; si elle a lieu, elle sera repoussée

« avec la même énergie et le même succès que la pre-
« mière. La France fait appel au dévouement patrio-
« tique de tous. »

Cette proclamation exalta les courages et chacun
résolut de résister à l'envahisseur.

Les prisonniers allemands, au nombre de 230, furent
remis à l'armée ennemie le 11 septembre ; la population, qui croyait d'abord à un échange, blâma vivement cette mesure, qui ne paraissait justifiée en
aucune façon. Les évadés français, surtout, témoi-
gnaient leur mécontentement.

Parmi ces derniers, se trouvait M. *Russière*, capitaine du génie, qui rendit de grands services à la place.
Cet officier, par une exception spéciale, devait être
conduit sur un point déterminé, sous l'escorte de deux
soldats allemands. Arrivé à Varennes, le capitaine
déclara à ses surveillants que la fatigue l'empêchait
de continuer la route à pied, et il proposa de prendre
une voiture pour la prochaine étape, ce qui lui fut
accordé. Nos voyageurs arrivèrent ainsi devant une
place de guerre. « Mais, quelle est cette place ? »
dirent les Allemands. — « Celle de Verdun, répondit
« l'officier français. Ici, je suis sur la terre de France,
« je reprends ma liberté et vous déclare, à votre tour,
« mes prisonniers ! » Les deux soldats ne purent
s'empêcher de sourire, en pensant au piège dans
lequel ils s'étaient laissé prendre.

Deux mois plus tard, le héros de cette aventure
croisait un omnibus, où quelques officiers français
étaient déjà montés pour se rendre en Prusse, en

qualité de prisonniers de guerre. Soudain il s'entendit appeler. « Capitaine ! Capitaine ! » s'écria un soldat allemand de l'armée d'occupation, en se précipitant vers la voiture. Le capitaine Bussière venait de reconnaître l'un de ses deux prisonniers !

On organisa en compagnies franches les soldats français rentrés à Verdun ; leur rôle principal était de faire des reconnaissances pour entraver les travaux de l'ennemi et pour se renseigner sur ses projets. Ces compagnies furent placées sous le commandement de M. *Junon*, percepteur à Dieue, qui fut un des plus valeureux défenseurs de Verdun. Mme Junon fit preuve également d'un grand dévouement ; elle sortit plusieurs fois de la ville, et, à l'aide de divers déguisements, franchit souvent les lignes allemandes.

Ces reconnaissances, qui permirent de recueillir des renseignements sur la marche de l'armée ennemie, avaient en outre le précieux avantage d'entretenir dans la garnison une émulation salutaire, et d'inspirer une certaine confiance aux habitants ; ceux-ci se tenaient prêts pour des événements que tout annonçait comme prochains.

En effet, le cercle d'investissement se resserra dès lors de plus en plus ; les Allemands établirent leurs batteries, auxquelles ils ne travaillaient que pendant la nuit, pour ne pas être inquiétés.

III

Le feu reprend, le blocus se resserre. — Bombardement du 13 octobre. — Mlle Champd'avoine. — Un parlementaire. — Mort du lieutenant d'Audignac. — Désastres en ville. — Pertes des Allemands. — Lettre du général Guérin. — M. Benoît, maire.

On était au 26 septembre ; vers six heures du matin, les batteries ennemies ouvrirent le feu. Aussitôt le signal d'alarme fut donné, et chacun courut à son poste. La place riposta avec vigueur.

Après cinq heures d'une canonnade violente de part et d'autre, les batteries allemandes furent successivement démontées, et bon nombre d'hommes et d'attelages restèrent sur le terrain. En présence de cette résistance vigoureuse et tout à fait inattendue, l'ennemi dut cesser le feu.

Le corps de la place souffrit peu pendant cette journée ; mais la citadelle éprouva de graves dommages. 1.200 projectiles l'avaient littéralement criblée dans ce violent combat d'artillerie. Les pertes de l'ennemi durent être considérables.

Le 27 septembre, le général Guérin avait repris son commandement. Il publia un ordre du jour, renfermant des promotions et des distinctions, pour récompenser les défenseurs qui s'étaient distingués dans les journées du 24 août et du 26 septembre.

Le 28, eut lieu la douloureuse cérémonie de l'enterrement du capitaine *Dehaye* et des quatre soldats tués l'avant-veille à la citadelle. Le commandant du génie *Boulangé* adressa aux victimes, et en particulier au capitaine Dehaye, un suprême et fraternel adieu, où l'esprit et le sentiment militaires se reflétaient avec une sincérité touchante. La population, qui avait accompagné à sa dernière demeure l'un de ses plus dévoués défenseurs, se retira vivement impressionnée par les paroles émues du commandant.

Le blocus devenu alors de plus en plus rigoureux, il était presque impossible de se procurer des nouvelles du dehors. Les Allemands avaient placé des vedettes sur toutes les hauteurs qui dominent Verdun. C'était une occasion pour nos artilleurs de s'exercer au tir, comme ils le disaient en plaisantant. Le canon grondait sans cesse, et nos obus atteignaient les ennemis jusque dans leur camp, situé à cinq ou six kilomètres de la ville.

Vers le 10 octobre, on apprit que de nombreux convois d'artillerie de gros calibre et à longue portée, ainsi que des munitions, étaient arrivés, venant de Sedan, de Toul et de Strasbourg ; que des batteries se construisaient sur divers points ; l'ennemi préparait un coup décisif, désirant prendre la revanche des deux échecs qu'il avait subis devant Verdun.

Le 13 octobre, dès le matin, une effroyable détonation donna le signal d'une nouvelle attaque : 120 bou-ches à feu lancèrent leurs projectiles sur la place. La citadelle et la ville étaient couvertes littéralement d'un nuage de fumée que sillonnaient sans cesse les obus, les bombes et les boulets explosibles. Aussitôt tout le monde fut sur pied ; chacun comprit que le bombardement allait s'effectuer, cette fois, dans des proportions formidables.

La place répondit immédiatement, par un feu dont la vivacité rivalisa avec celui de l'ennemi. Plus de cent pièces tonnaient à la fois.

Les sapeurs-pompiers et la garde nationale se portèrent sur les lieux où l'incendie exerçait ses ravages, sans que les projectiles qui pleuvaient par centaines arrêtassent ces courageux citoyens, que les femmes et les enfants aidaient dans leur sauvetage.

Une jeune fille, Mlle *Jeanne Champd'avoine,* aussi intrépide qu'aucun d'eux, ne quitta pas un moment le théâtre du sinistre. Pendant qu'elle transportait de l'eau, une bombe éclata tout près d'elle, ses deux seaux lui échappèrent et roulèrent à terre ; elle les ramassa tranquillement, retourna à la fontaine, les remplit de nouveau, et revint au feu.

L'incendie atteignit bientôt divers quartiers de la ville. Le magasin à fourrages, la halle aux grains, remplie de matériel militaire, l'entrepôt des tabacs, la synagogue, une partie des maisons de la rue Saint-Pierre, étaient en feu ; et cette lueur sinistre se reflétait sur les tours de la cathédrale, qui semblait elle-même être embrasée.

Dans cette première journée, le commandant du génie Boulangé, qui combattait l'incendie avec une escouade de sapeurs, fut atteint à la tête, d'un éclat d'obus.

Le lendemain 14, les Allemands continuèrent lef eu avec la même violence; les casernes et les bâtiments du génie furent la proie des flammes, et ne présentèrent bientôt plus qu'un amas de ruines.

Les artilleurs de la mobile et de la ligne rivalisèrent de courage, et restèrent fermes à leur poste, pendant toute cette seconde journée. Le commandant *Commeaux*, son cigare aux lèvres et sa canne sous le bras, allait de bastion en bastion, pour encourager ses hommes, sans souci des obus qui éclataient autour de lui.

Le bombardement cessa vers cinq heures du soir. Mais l'incendie, des plus violents, était difficile à arrêter; car, pendant tout le jour, l'ennemi avait surtout dirigé ses coups sur les maisons atteintes, afin d'effrayer les citoyens qui voulaient éteindre le feu. Verdun n'était plus qu'un immense foyer, au milieu duquel s'élevaient, comme un phare enflammé, les tours de sa cathédrale.

La journée du 15 semblait devoir être le terme des épreuves de la population. Les premiers moments furent calmes; mais, à six heures du matin, le « bom-« bardement recommença dans toute sa fureur. »

Les coups, dirigés surtout sur la citadelle, se succédaient avec une rapidité épouvantable. C'était un roulement infernal enveloppant Verdun de fracas, de fumée et de boulets. La ville fut couverte de projectiles, « pour intimider les habitants, afin qu'ils exer-« cent une pression sur le commandant », dit un journal d'outre-Rhin.

A midi, le feu cessa tout à coup ; les ennemis, d'après leur aveu même, avaient épuisé leurs munitions. Les artilleurs français lancèrent encore quelques projectiles, puis le silence se fit des deux côtés.

Vers une heure, un parlementaire, envoyé par le général de Gayl, se présenta à la Porte Chaussée et fut aussitôt conduit près du général Guérin. Il parla d'abord d'un échange de prisonniers ; puis, immédiatement, se dit autorisé à entrer en pourparlers pour la reddition de la place. Le général Guérin ne répondit pas à ces ouvertures, et l'échange seul des prisonniers fut résolu.

Pendant ce bombardement, qui dura cinquante-six heures consécutives avec un acharnement tel que 20.000 projectiles avaient été lancés par l'ennemi, la ville et la citadelle souffrirent beaucoup.

La garnison avait perdu 20 hommes, dont un officier, le lieutenant de marine d'*Audignac,* foudroyé par un obus qui lui broya la tête. 46 soldats étaient plus ou moins grièvement blessés. En ville, on comptait 12 blessés et 5 tués.

Les pertes matérielles étaient considérables. De la citadelle il ne restait plus que les casemates, et l'intérieur de la ville présentait l'aspect d'un monceau de décombres. Les casernes, le Collège, le Tribunal, la Sous-Préfecture, la Cathédrale, l'Hôtel de la subdivision, la Gendarmerie et nombre de maisons étaient criblés. Les pertes occasionnées par les trois bombardements furent estimées 1.200.000 francs.

Il est presque impossible d'évaluer celles que

subirent les Allemands pendant ces trois journées ; leurs journaux avouèrent cependant des pertes « peu considérables. »

L'ennemi reconnut « que les efforts de ses troupes « furent infructueux pour s'emparer du petit nid « devant lequel elles campent depuis plusieurs se- « maines sans pouvoir l'amener à capituler. » Ces paroles rendent un véritable hommage à la vaillante résistance opposée aux assiégeants par la garnison de Verdun.

Le 16 octobre, dans l'après-midi, le général Guérin reçut une lettre du commandant allemand. Il nous serait agréable de reproduire en entier la réponse si noble de l'officier français ; nous nous contenterons d'une courte citation :

« Ni la pluie des bombes et des boulets, ni les pri- « vations auxquelles la garde nationale et l'armée « peuvent être exposées ne les empêcheront de faire « leur devoir jusqu'au dernier moment. Leur plus « grand désir serait de se mesurer corps à corps avec « les troupes prussiennes. Permettez-moi de vous « dire, Général, que c'est sur la brèche que nous « vous attendons et que nous espérons que vous sor- « tirez un jour de derrière les montagnes qui vous « tiennent cachés à nos coups. »

Cette réponse, qui exprime d'une manière si digne les sentiments patriotiques de la population verdu- noise, restera comme une des plus belles pages de notre histoire nationale.

Le maire, M. *Benoît,* se fit l'interprète de ses

administrés et, en leur nom, remercia le vaillant soldat dont le cœur patriote avait si bien compris la pensée de tous.

Le 16 octobre eurent lieu les funérailles du lieutenant d'*Audignac*, enterré près d'un bastion, qui porta plus tard le nom de « bastion d'Audignac », afin de conserver le souvenir de ce courageux soldat.

IV

Pierre Odile. — Ferdinand Lamarre. — M. Barbier. — La capitulation de Metz. — Parlementaire français. — L'armistice est refusé. — Propositions avantageuses de M. de Moltke. — Situation critique de Verdun. — Sentiments du général Guérin. — Capitulation décidée. — Conditions de la capitulation. — Avis du Conseil d'enquête. — Le général Guérin. — Remise des armes. — Souscriptions. — Départ de la garnison. — Entrée des Prussiens. — Adieux du général Guérin. — Pertes des Allemands et de la garnison. — Inauguration du Cimetière de la Guerre. — Discours de M. Buvignier.

Cependant le blocus était toujours aussi rigoureux, et les batteries ennemies, installées sur les hauteurs voisines, semblaient encore menacer la place. Le commandant français, s'attendant à une nouvelle attaque, prit des mesures militaires importantes pour la retarder, s'il était possible. Dans ce but, des sorties furent organisées.

Le 22 octobre, dans une expédition commandée par le jeune et brave *Pierre Odile*, de Verdun, les Français réussirent à enclouer dix-sept pièces prussiennes. Quelques jours après, on tenta une nouvelle expédition moins heureuse. On fit des prisonniers, on détruisit plusieurs batteries ennemies ; mais nos pertes furent assez sensibles.

Dans une de ces sorties tomba frappé mortellement *Ferdinand Lamarre,* de Dieue (1), mobile volontaire, qui reçut à dix-huit ans la croix de la Légion d'honneur.

De tous les actes d'audace accomplis à cette époque, nous ne citerons que le suivant :

M. *Barbier,* volontaire, traversait Belleville (2), récemment évacué par l'ennemi. Averti que quelques Prussiens étaient restés dans le village, notre jeune héros n'hésita pas à pénétrer, avec deux habitants, dans la maison qu'on lui avait indiquée. Il se trouva en face de seize soldats commandés par un officier. C'était fini de lui ! Par une heureuse inspiration, Barbier feignit de s'adresser à une troupe au dehors et s'écria : « Quinze hommes à droite ! Quinze hommes « à gauche ! » Puis mettant son revolver sur la poitrine de l'officier : « Rendez-vous », lui dit-il. Et l'officier, croyant la maison cernée, fit signe à ses hommes de relever leurs armes prêtes à faire feu et se rendit.

Ces sorties excitèrent la colère du général de Gayl. Il ne pouvait comprendre que ses troupes se fussent ainsi laissé surprendre.

Dans les premiers jours de novembre, la nouvelle de la capitulation de Metz arriva à Verdun, bientôt confirmée par les hourrahs frénétiques des vainqueurs. Cette nouvelle paraissait si grosse de dangers

(1) Bourg du canton de Verdun.
(2) Village du canton de Charny (Meuse).

pour l'avenir de la France, que la population verdunoise refusa d'abord d'y croire.

Voulant sortir de cette incertitude, le général Guérin envoya un parlementaire demander un armistice de huit jours au commandant allemand. Celui-ci crut devoir en référer au quartier-général de Versailles, qui refusa. M. de Moltke ajoutait, qu'en considération de la belle défense de Verdun, il offrait à cette forteresse des conditions exceptionnelles si elle consentait à capituler immédiatement.

Le voisinage de Metz et de l'armée du Rhin avait, jusqu'alors, soutenu l'énergie et la résistance de la garnison de Verdun. Mais, que faire, maintenant, ainsi perdus et isolés au milieu d'une armée ennemie que ses succès rendaient encore plus puissante et plus redoutable? Aussi, à dater de la capitulation de l'infortunée ville de Metz, les Allemands commencèrent-ils à amonceler autour de Verdun les plus formidables préparatifs. Ils voulaient, cette fois, réduire la place et mettre un terme à sa résistance.

La défense devenait dès lors impossible, et en outre inutile. A cette époque, Verdun ne pouvait plus rien pour la France ; sa résistance ne retardait plus les mouvements de l'ennemi, et ne favorisait aucunement les opérations de l'armée française.

Le général Guérin ne consultant que son patriotisme examina la conduite qu'il avait à tenir comme soldat ; sa résolution fut qu'il devait mourir avec les braves qui l'entouraient. Mais son cœur lui représentait, d'autre part, les sacrifices inutiles que la résistance imposait à la population. Il souffrait cruellement, et ces préoccupations lui arrachaient les larmes des yeux. « Si « seulement, disait-il, je pouvais, avant de capituler, « tirer encore quelques coups de canon sur l'ennemi ! » Cette consolation lui était refusée.

D'accord avec les autorités civiles, et après avis favorable du Conseil de défense, le général Guérin se résigna. Le projet de capitulation fut porté au général allemand, qui l'accepta. La population, pendant ces pourparlers, était en proie à la plus vive émotion, car il y avait encore des partisans de la résistance. La garnison, surtout, manifestait hautement sa résolution de se défendre à outrance. La perspective d'une captivité humiliante et douloureuse surexcitait ces soldats qui, durant deux mois, avaient risqué leur vie pour échapper au joug de l'envahisseur.

Enfin, le 8 novembre, dans la matinée, la capitulation fut signée par le général Guérin, commandant supérieur de la place, et par le général de Gayl, commandant les troupes allemandes. La pièce officielle rendait hommage à l'énergie de la défense et stipulait des conditions avantageuses que nulle ville assiégée n'avait encore pu obtenir. Tout le matériel de guerre restait à la France, et les habitants étaient exonérés des charges ordinaires imposées à toute cité conquise. Ces conditions exceptionnelles, arrachées à l'ennemi par la ferme attitude du général Guérin, étaient la récompense honorablement et légitimement acquise par les nobles sentiments dont la garnison avait fait preuve dans ces longues et douloureuses épreuves.

Le Conseil d'enquête (séance du 29 novembre 1871), tout en reconnaissant que le commandant de place de Verdun « avait fait preuve de courage, d'habileté et « d'énergie » et « méritait des éloges pour la pre- « mière partie de sa défense », le déclara cependant « blâmable d'avoir entamé et conclu des négociations « ayant amené la capitulation de la place, alors qu'au- « cun travail de siège n'avait été commencé », alors surtout « que la place avait encore un matériel intact « et des munitions suffisantes. »

Nous ne nous montrerons pas aussi sévère. En pro- longeant la défense, désormais inutile pour le salut de la France, le général Guérin livrait la ville à toutes les horreurs de l'incendie et de la dévastation ; il sacrifiait des milliers de femmes, de vieillards et d'en- fants, déjà éprouvés par un siège de trois mois. Si son devoir et sa gloire de soldat devaient l'exciter à résister jusqu'à la mort, ses sentiments de patriote et de Français lui prescrivaient de conserver à la patrie une cité héroïque qui avait tout souffert pour son honneur, et de ne pas sacrifier, par une lutte impos- sible et inutile, la vie des citoyens dévoués dont il avait été le compagnon et le protecteur aux jours de péril et d'angoisse qui s'écoulèrent du 24 août 1870 au 8 novembre suivant.

Verdun avait fait son devoir. Des souffrances d'un autre ordre allaient maintenant atteindre sa vaillante population.

La garde nationale et la troupe durent, en vertu de la capitulation, déposer les armes. Il y eut d'abord quelque désordre ; mais bientôt, le bon sens et les représentations énergiques des autorités civiles et des officiers apaisèrent cette agitation.

On s'occupa de pourvoir aux premiers besoins de ces infortunés défenseurs qui, bientôt, allaient prendre le chemin de la captivité. Des souscriptions furent ouvertes de toutes parts, et les habitants apportèrent leur obole pour adoucir les rigueurs d'un voyage si long et si pénible.

Le 9 novembre, à neuf heures du matin, la garnison quittait Verdun, et se dirigeait sur Wesel (Prusse). A dix heures, au milieu des rues désertes et des magasins fermés en signe de deuil, les Prussiens entrèrent en ville, silencieusement ; pas de musique, pas de tambours. On eût dit qu'ils voulaient respecter la douleur de la grande affligée.

Le général Guérin de Waldersbach, en des termes empreints du plus pur patriotisme, adressa un adieu touchant à cette ville dont il avait partagé les soufrances douloureuses et les heureux combats.

Ainsi se termina ce siège de trois mois, soutenu par une armée et une population étroitement unies dans le patriotisme le plus sublime, jalouses de contribuer pour leur grande part à la défense nationale.

Pendant le siège entier, depuis le commencement de l'investissement (24 août 1870) jusqu'au jour de la capitulation, les pertes des Allemands s'élevèrent à 42 tués et 256 blessés. La garnison avait perdu 87 tués et 265 blessés (1).

(1) Non compris 17 habitants tués, dont 3 femmes, et 22 blessés.

Le 9 novembre 1871, guidée par un sentiment de devoir et de tristesse, la population verdunoise voulut inaugurer, par une consécration religieuse et officielle, ce champ du repos, que la voix populaire avait nommé le *Cimetière de la Guerre,* et où reposaient tant de nobles victimes mortes glorieusement pour la défense de la ville.

Nous ne pouvons mieux clore le récit du siège de la vieille cité des Claves, qu'en rappelant les paroles suivantes, extraites du discours prononcé lors de la cérémonie commémorative, par M. *Buvignier,* premier adjoint :

« Il ne faut pas nous laisser abattre par les malheurs
« qui nous ont frappés. La France se relèvera de ses
« récentes défaites, comme elle s'est relevée après
« les désastres de Crécy, d'Azincourt et de Waterloo.
« Que tous ses enfants, instruits par nos revers,
« oublient leurs discordes; qu'ils placent l'intérêt de
« la patrie au-dessus de la satisfaction des partis, et,
« avant peu, nous aurons repris en Europe le rang
« qui nous appartient. »

N'est-il pas à regretter qu'on ait trop négligé de suivre ces nobles enseignements !

LA FÈRE

I

Le 10 septembre 1870, deux divisions de cavalerie
de la Garde et du 2ᵉ corps prussien furent chargés de
reconnaître les alentours de la place de La Fère, alors
fortement occupés par l'armée française. L'inondation des abords de la ville fut étendue aussitôt à tout
le système de défense par eau.

« Jamais, dit M. Lavisse, place n'a mérité aussi
« bien que La Fère le nom de nid à bombes. Le
« voyageur qui s'y dirige, en venant de Saint-Quentin,
« découvre, au moment où il dépasse le village de
« Travecy, les lignes bleues de hauteurs boisées. A
« sa gauche, s'élèvent les collines du Parc et de
« Danizy, séparées par un court vallon ; en face de
« lui, les plateaux de Charmes et d'Audlain ; à sa droite,
« la forêt de Saint-Gobain va s'inclinant sur les bords

« de l'Oise. Ses regards sont attirés au loin par la
« tour de la cathédrale de Laon qui apparaît dans
« une échappée entre Charmes et Danizy et domine le
« pays ; mais ce qu'il découvre en dernier lieu, non
« sans faire effort, c'est la ville de La Fère qui est à
« ses pieds. Vue de trois kilomètres au nord, elle
« semble adossée aux collines et perdue dans leur
« ombre ; l'ennemi n'aura que l'embarras du choix.
« pour ses positions. »

La Fère (1), agréablement située dans la vallée de
l'Oise, au point où cette rivière pénètre dans le massif
des collines qui termine au nord-ouest le plateau du
Soissonnais, était, dès le xe siècle, une place forte
importante appartenant à l'évêché de Laon. Ancienne
capitale du Tardenois, elle montre aujourd'hui encore
les restes imposants d'un château-fort dont la galerie,
construite en 1639 d'après les ordres d'Anne de Montmorency, présente une architecture élégante et des
sculptures attribuées à Jean Goujon.

La Fère fut prise plusieurs fois : — en 958, par
Thibaut, comte de Blois ; — en 1519, par le prince de
Condé ; — en 1589, par les Ligueurs ; — en 1595, par
Henri IV.

Ce dernier, parti de Lyon pour secourir Cambrai,
que les Espagnols avaient forcé de capituler, vint
assiéger La Fère, qui servait alors d'avant-poste en
Picardie. Le siège dura tout l'hiver. La garnison était
nombreuse et bien approvisionnée. Le roi dut aban-

---

(1) La Fère, 4.160 hab., chef-lieu de canton, arrondissement de Laon,
département de l'Aisne.

donner ce siège pour aller au secours de Calais ; mais il arriva trop tard, cette ville venait d'être prise d'assaut. Alors, il revint devant La Fère, que le connétable de Montmorency avait continué de bloquer, et qui était réduite à la dernière disette. La Fère capitula le 16 mai, et ouvrit ses portes le 22.

Après le désastre de Waterloo en 1815, ses habitants opposèrent une résistance si opiniâtre aux Prussiens, que ceux-ci furent obligés de lever le siège.

La Fère possède la plus ancienne école d'artillerie et le plus ancien arsenal de France.

Une muraille découverte, renforcée sur certains points par des défenses remontant au Moyen Age, entourait, en 1870, cette petite ville. La gare et le front ouest de la place avaient été couverts par un tracé bastionné qui se reliait à une vallée facile à inonder, d'une largeur de 2.500 mètres environ. Au nord, les abords de La Fère étaient protégés par une large zone que des barrages permettaient d'inonder également de loin. Sur le front est, les conditions de la défense étaient moins favorables ; de ce côté, des hauteurs, distantes de quinze cents mètres à peine, permettaient à l'assaillant de s'approcher à couvert et d'établir des batteries pouvant battre le pied même du mur d'enceinte.

La place était commandée par le capitaine de frégate *Plauche* qui avait succédé au commandant Delmas de Lacoste.

La garnison, composée de gardes nationaux mobiles, à l'exception de 40 ouvriers d'artillerie, s'élevait, à la date du 7 octobre, à 2.711 hommes, augmentée, le 6 novembre, de 100 hommes formant une compagnie de francs-tireurs de la Somme.

L'armement comprenait 113 pièces de gros calibre, dont 36 rayées ; presque toutes étaient d'anciens modèles ; numériquement, cet armement pouvait suffire. Les approvisionnements en vivres et en munitions ne laissaient rien à désirer. Toutefois, on manquait d'abris blindés pour les défenseurs de la place.

En prévision du sort qui attendait La Fère dans un avenir plus ou moins rapproché, tout ce qui ne lui était pas indispensable comme matériel fut dirigé sur Lille : c'était autant de sauvé. Malheureusement, cette opération ne put être exécutée qu'en partie, et quand la place ouvrit ses portes aux Prussiens, ceux-ci trouvèrent des vivres pour plusieurs mois, ainsi que d'importantes ressources en poudre et en munitions. La crainte d'irriter la population avait paralysé les intentions du commandant.

A la nouvelle de la capitulation de Metz, La Fère fit ses derniers préparatifs pour soutenir un siège qui paraissait inévitable.

La possession de cette place était, en effet, du plus grand intérêt pour les Allemands qui voulaient assurer la libre circulation sur Amiens et sur Rouen récemment occupées ainsi que la sécurité de la partie nord de leurs lignes d'investissement de Paris. C'est alors que le grand quartier général décida la formation d'un petit parc de siège destiné à l'investissement de La Fère ; le transport des pièces de canon et des

mortiers, au nombre de 36, fut effectué par des attelages de réquisition.

De temps à autre, l'ennemi avait envoyé de faibles
détachements pour observer la place, notamment
le 21 octobre 1870, au moment de la première
occupation de Saint-Quentin. Dans la nuit du 11 au
12 novembre, la 41e brigade d'infanterie allemande,
renforcée d'un escadron de dragons, d'une batterie
d'artillerie et d'une compagnie de pionniers, arriva
sous les murs de La Fère pour en commencer le siège.

La garnison, dans ces intervalles, compléta les travaux de défense ; on fit monter les eaux de l'Oise pour
inonder la prairie ; le faubourg de Notre-Dame, qui
conduit à Danizy, fut coupé de tranchées et semé
d'obstacles de toute nature.

Le 13 novembre, les Allemands envoyèrent comme
parlementaires le maire et l'adjoint d'une commune
voisine, requis par eux pour remplir cette mission et
qui sommèrent le commandant de se rendre. Le capitaine Plauche refusa d'abord de répondre, ne considérant pas comme sérieuse cette démarche contraire
à tous les usages ; mais, sur les instances de ces parlementaires malgré eux, menacés de mort au cas où ils
ne rapporteraient pas de réponse, il leur remit un
exemplaire de la proclamation que deux jours auparavant il avait fait afficher en ville, et dans laquelle
il affirmait les plus viriles résolutions. « Nous nous
« défendrons, y disait-il, jusqu'à la dernière gar-
« gousse ; et si la place est bombardée, je ne me
« laisserai arrêter par aucune considération d'intérêt

« particulier... Nous aurons des souffrances à sup-
« porter ; mais nous serons forts et énergiques, et
« nous montrerons que l'ère des lâches capitulations
« est passée. »

Le 15 novembre, pendant que l'artillerie de la place
s'occupait de l'installation de ses pièces, le généra
de *Lglinitzki* fit investir la ville. Les Allemands prirent leurs précautions comme s'ils avaient en face
d'eux le plus redoutable ennemi. Ils placèrent leurs
avant-postes aussi près que possible de l'enceinte,
derrière des murs et des haies, dans de profonds
fossés, où ils demeuraient immobiles et silencieux ;
du côté de la campagne, des postes d'infanterie, protégés par des tranchées, furent établis sur les routes
et sur les sentiers, avec ordre d'écarter tout indiscret
à coups de fusil ; ces postes étaient reliés par des
cavaliers qui allaient et venaient continuellement,
explorant les villages voisins.

Au début, la garnison se contenta de diriger sur les
assiégeants un feu peu nourri, ce qui permit aux Prussiens d'activer leurs travaux d'approche. Ils poussè-
rent même l'audace jusqu'à venir couper, à 300 mètres
de la place, au milieu de l'inondation, une ligne de
peupliers qui gênait leur tir.

De notre côté, on exécuta quelques sorties, mais
sans résultat bien positif, et les avant-postes allemands
souffrirent peu de la canonnade.

Le 19 novembre, un bataillon de francs-tireurs,
renforcé d'un bataillon de mobiles du Gard, venu
d'Amiens avec deux pièces de canon, tenta de

prendre à dos les lignes d'investissement ; mais une déplorable indication donnée par le maire du petit village de Vouël fit échouer cette tentative. Les Français furent attaqués dans ce village, qu'ils croyaient inoccupé, par un bataillon d'infanterie prussienne, et refoulés après un engagement de trois heures, laissant à l'ennemi un caisson de munitions ; on ne sauva qu'à grand'peine les deux pièces d'artillerie.

Après plusieurs reconnaissances autour de La Fère, les Allemands résolurent de l'attaquer sur le front est qui leur parut le point le plus favorable. Le 25 novembre, à sept heures du matin, 36 pièces de gros calibre placées, les unes au polygone, les autres en plus grand nombre au coin du vieux parc de Danizy, à douze ou treize cents mètres de la place, lancèrent sur la ville, sans sommation préalable, une grêle de projectiles, bombes et obus. A midi, la destruction était effroyable. Le bombardement continua avec vigueur jusqu'à la nuit, incendiant une vingtaine de maisons, parmi lesquelles les bâtiments militaires situés dans les quartiers nord-ouest; la porte de Notre-Dame n'eut pas une pierre qui ne fût touchée. En présence des incendies allumés de toutes parts, les habitants se réfugièrent dans les caves avec les mobiles auxquels, nous l'avons dit, on n'avait pas eu le temps de ménager des casemates sur les remparts. Cet encombrement occasionna de nombreuses maladies.

La riposte des assiégés fut sans effet sensible ; une seule batterie, servie par de vieux artilleurs volontaires, répondit efficacement au feu de l'ennemi. Pendant la nuit, et dans la matinée du lendemain, les Allemands se bornèrent à envoyer quelques boulets sur la place.

Une partie des habitants réclama la capitulation que le commandant refusa tout d'abord. Puis, devant l'impossibilité de résister plus longtemps, sur la demande des autorités municipales, et après avis unanime du Conseil de défense, il se décida à entrer en pourparlers avec l'ennemi. Un parlementaire fut envoyé au général allemand ; mais le brouillard cachait le drapeau blanc et la violence du bombardement couvrait l'appel du clairon. Une heure s'écoula ainsi dans l'anxiété, lorsque des habitants des faubourgs, ayant aperçu le signal, avertirent les assiégeants. Le feu cessa aussitôt, et le parlementaire entra en ville accompagné d'un capitaine d'état-major prussien. On banda les yeux à ce dernier, mais il plaisanta sur cette précaution inutile, car, affirmait-il, il connaissait La Fère aussi bien que pas un de ses habitants.

La capitulation conclue aux mêmes conditions que celle de Sedan, La Fère ouvrit ses portes. La garnison, forte de 2.800 hommes, presque tous gardes mobiles, se constitua prisonnière de guerre, et prit le chemin de Laon ; une partie parvint à s'évader par la porte Saint-Firmin. Le riche matériel qui se trouvait dans la place fut en grande partie dirigé sur la citadelle d'Amiens. Toutefois, le commandant avait eu la précaution de faire enclouer les pièces, détruire les armes, et noyer les poudres avant le départ de ses troupes.

Le Conseil d'enquête (séance du 18 avril 1872) loua le commandant Plauche « d'avoir prescrit, avant la « signature de la capitulation, de détruire les armes, « d'enclouer les canons, de noyer les poudres, de « mettre les affûts hors de service, et d'avoir ordonné « la distribution aux habitants des vivres qui restaient « dans la place. »

Les Allemands, pendant ces douze jours de siège, eurent un officier et cinq hommes tués ou blessés ; les Français, quarante tués ou blessés, dont trois morts appartenant à la population civile.

La prise de La Fère permit à nos ennemis d'utiliser les voies ferrées d'Amiens à Laon et à Reims, dont la sécurité était dès lors assurée.

Après la prise de possession, le grand quartier général, dont le rêve était d'anéantir la France, donna des ordres pour la destruction des fortifications et des piles de barrage ; des mines furent pratiquées à cet effet ; on prescrivit l'enlèvement du bois et du fer qui se trouvaient dans les établissements militaires ; on arracha et brisa tout ce qui était scellé dans la construction. L'Hôtel-Dieu aurait eu le même sort ; heureusement, l'administration put prouver que ce monument, fruit de donations privées, n'appartenait pas à l'Etat.

Mais bientôt, ces projets se virent arrêtés dans leur exécution ; les troupes allemandes du département de l'Aisne, qui racontaient avec joie la marche triomphale de Manteuffel vers l'Océan, furent subitement saisies de panique. La prise de Ham et la nouvelle de l'arrivée du général Faidherbe avaient occasionné ce revirement.

L'armement de la ville fut remis en état; les remparts réparés, l'inondation renouvelée, les ponts-levis redressés; dans les rues, des sentinelles, le fusil chargé, dispersaient les rassemblements de plus de trois personnes. La garnison, renforcée d'un bataillon de landwehr et d'une batterie de réserve, devait, sous les ordres du colonel *Krohm,* marcher sur Ham et essayer de reprendre le château; mais l'approche du général Lecointe obligea les Allemands à rester dans la place. L'intention du général français était de s'emparer de La Fère qu'il savait occupée par une faible garnison. L'imprudence d'un jeune soldat compromit tout et nos troupes durent rentrer à Ham.

Les habitants du pays aiment encore aujourd'hui à raconter un épisode dont plusieurs furent témoins, et dont le souvenir amène toujours le sourire sur leurs lèvres. Nous empruntons ce récit à l'intéressant ouvrage de M. Lavisse :

« Un jour, toute une escouade de soldats allemands
« se présente dans une ferme des environs de **La**
« **Fère.** Aussitôt, ceux qui sont chargés de la cuisine
« s'emparent des chaudrons, des marmites et des
« casseroles ; d'autres vont avec des pelles, des
« pioches, des bêches, fouiller et dévaster le jardin;
« ils rapportent beaucoup de pommes de terre qu'ils
« mettent cuire sans les éplucher; puis, ils tuent des
« poules, hachent du mouton et du porc, mêlent le
« tout dans les marmites au-dessous desquelles

« flambe un feu énorme. La cuisson faite, on nettoie
« l'auge des chevaux avec de la paille et un balai ; les
« cuisiniers entassent les viandes d'un côté, les
« légumes de l'autre, et versent le succulent bouillon
« plein l'auge. Les hommes, couchés sur la paille,
« sentent au flair que l'heure approche, se lèvent,
« rangent leurs pipes, et chacun prenant son pain
« noir, pain de sarrasin, mal cuit ou brûlé, puant et
« vieux, se met en devoir de le casser en petits
« morceaux dans le bouillon, jusqu'à ce qu'il soit
« saturé. On répand sur ce mortier du sel ; et l'un
« des cuisiniers, s'armant d'une dent de herse trouvée
« dans le fumier de la cour, opère le mélange, allant,
« venant et retournant la bouillie tellement épaisse
« que la dent de herse y tient debout. Alors, le bri-
« gadier d'ordinaire dégarnit les viandes, les découpe
« et les distribue ; et au commandement, les hommes
« s'avancent vers l'auge, la cuiller d'une main, la
« viande de l'autre. Tout cela dévore en même temps,
« au plus vite et au mieux. Les yeux fermés, en
« entendant ce jargon, on se serait cru dans une
« cage aux bêtes, à l'heure du repas.

« Cette malpropreté des soldats allemands rebutait
« les habitants d'un pays où la propreté est minu-
« tieuse, où tous les samedis on nettoie la maison de
« fond en comble, où le torchon fait les vitres lim-
« pides comme le cristal, et les cuivres luisants
« comme l'or. »

AMIENS

I

Les plaines de la Picardie furent, à toutes les époques de notre histoire, le théâtre d'événements importants, et la ligne de la Somme a toujours été considérée comme un point stratégique du plus haut intérêt. Cette rivière présente, en effet, à trente lieues au nord de Paris, un obstacle sérieux aux armées qui cherchent à s'avancer sur la capitale de la France. Bordée de marais tourbeux, elle offre, sur un parcours d'environ trente-cinq lieues, tous les avantages d'un fossé infranchissable. En outre, Amiens (1) est le point principal où viennent aboutir les grandes routes du département et les voies ferrées qui relient la vallée de la Somme aux vallées

(1) Amiens, chef-lieu du département de la Somme, sur la Somme, l'Avre et la Selle, 74.000 hab.

adjacentes ; ce motif, ainsi que les immenses ressources du pays, l'appelait à devenir vite un des principaux objectifs de l'envahisseur.

Amiens a eu, d'ailleurs, au cours de son histoire, à supporter bien des vicissitudes, et, en 1870, les canons prussiens parcouraient ces voies romaines qu'avaient suivies les légions de César ; leurs détonations rappelaient aux habitants les souvenirs historiques de l'artillerie d'Azincourt et du canon de Crécy.

Lorsque, le 27 novembre 1870, Amiens fut attaquée par les Prussiens, l'armement des ouvrages extérieurs était loin d'être parfait ; en outre, il était insuffisant pour balayer l'immense espace où l'ennemi allait bientôt se déployer. On disposait de 22 bouches à feu seulement ; encore ne put-on en mettre que cinq en batterie, faute d'affûts et d'engins nécessaires. Heureusement que ce même jour arrivait de Douai une batterie de canons de campagne, desservie par des marins sous les ordres du lieutenant de vaisseau *Meusnier*, et une compagnie de fusiliers marins commandée par les lieutenants *Rolland* et *Bertrand*. Cette batterie n'était pas destinée à la défense d'Amiens ; mais elle put être utilisée par un de ces heureux hasards qui furent trop rares, hélas ! pendant cette guerre néfaste.

Le Conseil de défense avait décidé que la ville et la citadelle ne devaient pas tenter la moindre résistance et qu'on se bornerait à mettre les abords à l'abri des incursions des uhlans. C'est dans ce but restreint que furent conçus les travaux ordonnés. Des barricades crénelées barrèrent les rues du côté sud, et, à un kilomètre et demi environ, on établit une ceinture de retranchements et d'ouvrages en terre, inachevés encore à l'arrivée de l'ennemi. Ces travaux, élevés dans une bonne position, étaient tellement incomplets, surtout du côté de Dury, que les Prussiens n'hésitèrent pas à les faire niveler aussitôt devenus maîtres de la ville.

En outre, on manquait de cavalerie, l'armée du Nord n'ayant en tout et pour tout que 350 dragons et gendarmes, notoirement insuffisants pour faire efficacement le service d'éclaireurs. Les Allemands, au contraire, disposaient de nuées de hussards et de uhlans battant la plaine à de grandes distances et empêchant les paysans de se porter dans la direction des troupes françaises ; de sorte que, forcément, nous étions mal renseignés, malgré les quelques avis fournis par les gens du pays qui parvenaient à tromper la surveillance des Prussiens.

Le 23 novembre, une reconnaissance dirigée sur *Villers-aux-Erables*, par le colonel *du Bessol*, livra un vaillant combat près de Mézières-en-Santerre ; l'ennemi, repoussé à la baïonnette, emporta en se retirant sept voitures de morts et de blessés ; nos pertes furent peu importantes, mais nous eûmes à déplorer la mort du lieutenant d'artillerie *Laviolette*, atteint d'une balle à la poitrine.

Le lendemain et le surlendemain, des engagements assez vifs eurent lieu à *Gentelles*, ainsi qu'à *Fouen-*

camps et à *Boves,* où le commandant *Jan,* officier supérieur du plus grand mérite, trouva une mort glorieuse. Tout semblait indiquer l'imminence d'une action générale.

Le 16 novembre, le commandant en chef allemand reçut à Soissons l'ordre d'organiser fortement l'occupation d'Amiens. En exécution de cet avis, pendant que la cavalerie prussienne battait le pays en avant de l'Oise, les autres fractions de l'armée achevaient de se former le long de cette rivière.

L'armée du Nord n'était pas encore en état d'agir ; cependant, le général en chef français ne pouvait laisser prendre une ville de l'importance d'Amiens sans essayer de la défendre. Une troisième brigade fut donc formée à la hâte, afin de s'opposer à la marche de la Ire armée allemande. Arrivée le 24, à dix heures du matin, elle combattait le même jour, à une heure de l'après-midi.

Le 27 novembre, un brouillard épais couvrait la vallée de la Somme et enveloppait la ville, de sorte qu'on ne pouvait observer les mouvements de l'ennemi. Cependant, celui-ci approchait ; à dix heures et demie, en effet, une vive fusillade éclata tout à coup. La garde nationale se réunit en toute hâte pour se mettre en ligne avec les troupes régulières. Deux mille garde nationaux, commandés par le colonel de *Chassepot,* le lieutenant-colonel de *Guyraimond* et les chefs de bataillon de *Guillebon* et *Boutmy,* prirent part à l'action qui se concentra sur cinq points principaux : *Boves, Gentelles, Cachy, Dury* et *Villers-*

Bretonneux, point culminant de l'attaque et celui sur lequel l'ennemi dirigea son plus grand effort.

Nous n'entrerons pas dans les détails de ce combat qui prit le nom de *bataille d'Amiens* ou de *Villers-Bretonneux* ; il nous suffira de rappeler quelques actes d'héroïsme accomplis au cours de cette journée, pendant laquelle une armée en formation, sans grande cohésion, lutta contre un ennemi nombreux parfaitement outillé et longuement entraîné.

Plusieurs de nos compagnies retranchées dans les ruines du vieux château de *Boves* se défendirent vaillamment ; mais, ayant été prises à revers par les Prussiens, elles durent abandonner leurs positions, malgré une brillante charge à la baïonnette vigoureusement dirigée par le commandant *Zédé* du 33e et un capitaine du 5e bataillon de mobiles qui y trouva la mort dans les circonstances suivantes :

Jaloux de prendre part à la défense de notre malheureux pays, le comte de B..... avait accepté le commandement d'un bataillon de mobiles ; il avait sous ses ordres, en qualité de capitaine, son plus jeune fils, âgé de vingt-cinq ans. Au moment même où la lutte battait son plein, où les obus et les balles pleuvaient de toutes parts, il l'aperçut, l'appela et lui indiqua une position qu'il s'agissait de défendre à tout prix. *J'y vais, père,* répondit le courageux officier ; *mais ça chauffe dur !* Quelques instants après, une balle l'atteignait en pleine poitrine et l'étendait raide mort. Le pauvre père, faisant taire la voix de son cœur pour n'écouter que celle du devoir, se refusa la suprême consolation d'embrasser une dernière fois son enfant ; il le confia à un médecin, et, l'épée à la main, continua de combattre. Après avoir assuré la retraite de son bataillon, il prononça ces paroles aussi sublimes que touchantes : *Maintenant, je puis pleurer mon fils.*

Lorsque l'ennemi se présenta à *Gentelles,* le 20e bataillon de chasseurs venait d'y entrer pour faire la soupe, protégé par une compagnie installée dans les premières maisons du village. Les soldats durent renverser leurs marmites, prendre les armes et se mettre en ligne. Pendant deux heures, les chasseurs résistèrent aux efforts des Allemands, malgré leur infériorité numérique et en dépit du feu de deux batteries éloignées qui les foudroyaient. Ecrasés par les projectiles, ils se décidèrent à abandonner Gentelles. Puis, rencontrant des troupes de ligne et des mobiles qui venaient à leur secours, ils reprirent l'offensive et rentrèrent dans le village, pour ne le quitter définitivement qu'à neuf heures du soir, quand la retraite fut ordonnée. Ils traversèrent le champ de bataille à la lueur de l'incendie qui dévorait les villages de Cachy et de Villers-Bretonneux. Les mobiles, excités par la bravoure de leurs compagnons d'armes, n'avaient pas hésité à s'élancer au-devant d'un ennemi non seulement bien équipé et merveilleusement armé, mais encore aguerri par une campagne de plusieurs mois.

Cachy, petit village de trois cents et quelques habitants, était défendu par un bataillon du 44e de ligne, qui, malgré son héroïsme, dut évacuer cette position.

Le 20ᵉ chasseurs et le 9ᵉ bataillon de mobiles la reprirent peu après.

Dury, autre village situé à un kilomètre environ des retranchements élevés en avant d'Amiens, sur la route de Paris à Dunkerque, était occupé par de faibles détachements dépourvus d'artillerie, et certainement incapables d'arrêter l'ennemi. Tout à coup, des soldats virent arriver au grand trot une batterie d'artillerie montée par des marins qui, saluant de leurs bérets nos jeunes troupes, firent entendre un formidable cri de « Vive la France ! Vive la mobile ! » Ces courageux artilleurs ripostèrent énergiquement au feu des Prussiens, non sans éprouver des pertes dont la plus regrettable fut celle du commandant *Meusnier,* coupé en deux, après avoir reçu trois blessures. Monté sur un épaulement, ce « digne émule des Duquesne et des Jean Bart » suivait l'effet des coups, rectifiait le tir et pointait lui-même les pièces. Quoique blessé, il ne se résigna point à abandonner son poste ; l'intrépide commandant mourut « entouré « de ses hommes qui le pleurèrent comme on pleure « un héros. »

Les lieutenants de vaisseau Rolland et Bertrand, à la tête d'une compagnie de marins, avec les pièces de la garde nationale, appuyèrent vigoureusement la défense, et le combat se prolongea jusqu'à la nuit ; le feu de l'une des batteries ennemies avait été éteint. Le général Paulze d'Ivoy, qui, par sa mâle énergie, avait, en maints endroits, maintenu l'élan de ses troupes, pressa le commandant *Meusnier* mourant dans ses bras, rendant ainsi un hommage public au courage de ce vaillant soldat.

Malgré l'héroïsme de ses défenseurs le village de Dury, à moitié brûlé, fut occupé par les Prussiens. La canonnade de l'ennemi avait pris une telle intensité qu'à un certain moment on compta trente coups par minute.

A *Villers-Bretonneux*, petite ville située, dans une plaine faiblement ondulée et n'offrant qu'une médiocre position pour la défense, la lutte atteignit son paroxysme. Dès le début du combat, le colonel *du Bessol* eut son cheval tué sous lui ; puis il fut grièvement contusionné par une balle qui s'amortit sur une pièce de vingt francs placée dans la poche de son gilet ; une seconde balle vint le frapper au moment où, à pied, le képi au bout de son épée, il s'était placé en avant pour la charge. On l'emporta tout sanglant ; mais il avait voulu, avant de quitter le champ de bataille, donner ses dernières instructions, en attendant l'arrivée du général en chef.

Electrisés par son exemple et jaloux de le venger, ses hommes repoussèrent l'ennemi qui abandonna deux pièces de canon. Un officier prussien témoin, de cette attaque vigoureuse, disait avec admiration : « *Quels soldats ! ce ne sont pas des hommes, mais* « *des lions.* »

Un instant, la victoire sembla se prononcer en notre faveur ; c'était, du reste, l'opinion du général Farre ; car, en passant près d'une compagnie du 75ᵉ de ligne, il avait crié tout joyeux : *Que faites-vous là ? En avant ! tout va bien ; les Prussiens reculent*. Mais bientôt, devant le cercle de feu qui les enveloppait et se rétrécissait de plus en plus, les nôtres, qui commençaient à manquer de munitions, durent se retirer. Dans la crainte d'être cernés, on ordonna la retraite, soutenue principalement par les soldats de l'infanterie de marine et du 2ᵉ chasseurs, avec quelques mobiles qui, toujours combattant, accomplirent des prodiges de valeur. Comme trois chasseurs étaient entourés d'ennemis qui voulaient les faire prisonniers, deux se rendirent, toute fuite étant impossible ; mais le troisième, la rage dans le cœur, frappait toujours de sa terrible baïonnette jusqu'au moment où, atteint mortellement, il tomba pour ne plus se relever. Le 69ᵉ de ligne lutta également avec la plus grande énergie.

Dans ce combat, 6 à 7.000 Français tinrent tête toute une journée à 25.000 Allemands ; au moment où les munitions vinrent à manquer, l'ennemi partout repoussé, épuisé par l'opiniâtreté de la résistance et par des pertes considérables, aurait peut-être été hors d'état de soutenir un nouvel effort. La faiblesse de nos lignes était telle qu'un seul bataillon du 43ᵉ d'infanterie eut à défendre pendant l'action une ligne de trois kilomètres, ce qu'il fit sans reculer d'une semelle.

Les Prussiens eurent 500 morts et plus de 1.200 blessés, parmi lesquels le lieutenant-colonel *Borkenhager*, mortellement frappé. 140 des nôtres furent trouvés morts sur le champ de bataille ; en plus, nous eûmes 7 à 800 hommes atteints par les projectiles ennemis. Nos pertes auraient été bien plus considérables ; mais l'artillerie prussienne, malgré ses excellents attelages de six chevaux, se mouvait difficilement sur le terrain détrempé par les pluies, et un grand nombre d'obus ne purent éclater, grâce au peu de résistance du sol.

La supériorité numérique l'emporta. Les Prussiens furent, dit-on, très impressionnés quand, par l'examen des livrets trouvés sur le lieu du combat, ils constatèrent qu'au lieu de vieux soldats comme ils le pensaient, ils n'avaient eu affaire qu'à des conscrits de six semaines.

La bataille d'Amiens fut le baptême du feu pour cette armée du Nord qui, suivant l'expression de son général en chef, *Faidherbe,* « *a puissamment contribué à rétablir et à maintenir l'honneur du drapeau français.* »

Placée sur les deux rives de la Somme qui s'y ramifie en un grand nombre de canaux, Amiens est située au milieu d'une plaine fertile, mais dont l'aspect est monotone. Louis XI l'avait surnommée la *petite Venise.* Elle était autrefois entourée par des marais étendus que la culture a transformés en jardins ou *hortillonnages.* Ces terrains constituent aujourd'hui une des grandes richesses d'Amiens ; les légumes qu'on y récolte sont exportés jusqu'en Angleterre. Le faubourg de Saint-Acheul se trouve en amont de ces hortillonnages.

La cathédrale, l'un des plus beaux monuments du nord de la France, domine la cité. Cette merveilleuse église, véritable musée, avec ses deux tours, ses trois porches, ses riches autels, ses marbres superbes et ses nombreuses statues, est un des plus purs chefs-d'œuvre de l'architecture du XIIIe siècle, une œuvre sans défaut, à la fois gracieuse et imposante, pleine d'élégance, et grande dans son ensemble aussi bien que dans ses détails.

Sous le nom de *Samarobriva*, Amiens était jadis la capitale des *Ambiani*, peuplade essentiellement belliqueuse. Jules César rendit hommage à sa valeur. Devenue ville romaine après avoir lutté avec énergie contre les armées de Rome, elle fut alors comprise dans la seconde Belgique, et acquit, dès cette époque, un très haut degré de prospérité. En 337, saint Martin y fit de nombreux prosélytes. C'est à Amiens que la légende chrétienne place le trait de charité du compatissant guerrier partageant son manteau avec un pauvre.

Amiens ne fut soumise d'une manière stable au pouvoir des Francs que vers la fin du Ve siècle ; Clodion y mourut en 448. Son histoire ne présente rien de saillant jusqu'au règne de Charles le Chauve. Sous la première race, les pouvoirs étaient partagés entre l'Evêque et le Comte. Charlemagne imposa à la ville la nouvelle organisation qu'il donna à son vaste empire. En 860, la cité fut pillée par les Normands, et Rollon la brûla en 925. Pendant le Xe siècle, elle passa tantôt au pouvoir des comtes de Vermandois, tantôt à celui des rois de France, qui se disputaient ses murailles et son territoire. Elle obtint en 1113, sous Louis le Gros, à prix d'argent, le titre de Commune, titre confirmé en 1190. Ses seigneurs virent cet événement d'un mauvais œil et tentèrent de s'y opposer de vive force ; mais la population tout entière, les femmes au premier rang, prit les armes pour soutenir ses droits et y réussit.

En 1182, la ville passa dans le domaine de la couronne, malgré la résistance de Philippe d'Alsace, comte de Flandre, qui en revendiquait la possession. Le commerce, favorisé par Philippe-Auguste, prit alors un heureux développement. Amiens se montra reconnaissante de la protection du roi de France ; car, en 1214, à Bouvines, ses *troupes municipales* s'associèrent à l'un des plus grands triomphes de la monarchie française. Ces mêmes milices devaient, plus tard, à la néfaste journée de Crécy (1346), prodiguer leur sang pour la cause royale. C'est pendant cette période de prospérité, en 1220, que fut posée la première pierre de la cathédrale.

Sous le règne du roi Jean, Amiens souffrit beaucoup, et ses malheurs l'engagèrent à s'allier avec les ennemis de la couronne. L'exécution de seize des rebelles la fit rentrer dans le devoir. Au moment de la lutte entre la maison de France et les ducs de Bourgogne, la ville passa de l'un à l'autre alternativement, jusqu'en 1370, époque à laquelle Louis XI s'en empara par la ruse et l'intrigue. Elle suivit alors le sort de la Picardie dont elle partagea toutes les vicissitudes. François Ier la récompensa de son patriotisme et de l'appui qu'elle lui donna dans les guerres qu'il eut à soutenir, en anoblissant ses magistrats municipaux.

Amiens refusa de reconnaître Henri IV, et se donna

tout entière au duc de Mayenne ; mais celui-ci ayant exaspéré les habitants par ses violences, une émeute éclata aux cris de « Vive le Roi ! » et le Béarnais entra solennellement dans la vieille cité.

Sa position tenta les Espagnols qui essayèrent, en 1595, de s'en emparer par la ruse. Dès l'aube, ils envoyèrent un corps de troupes qui fit halte à une petite distance de la place, dans un pli de terrain les dérobant à la vue des sentinelles. Au même moment, quarante soldats déguisés en paysans se présentaient à la porte *Montrescu*, avec des chariots pesamment chargés, qu'ils engagèrent sous la porte, à l'endroit où tombait la herse. Ces chariots étaient recouverts de sacs de noix. Un des conducteurs délia alors l'un des sacs, et les noix roulèrent à terre. Les bourgeois qui occupaient le corps de garde s'étant avancés pour en ramasser, les Espagnols profitèrent de cette circonstance et saisirent les armes des trop confiants Amiénois qu'ils égorgèrent ; puis ils ouvrirent les portes à l'armée qui n'attendait qu'un signal pour entrer. Les bourgeois essayèrent vainement de résister ; on les désarma, et, pendant trois jours, la ville fut livrée au pillage. Le maréchal de Biron vint alors l'assiéger et Henri IV en reprit bientôt possession.

En 1635, pendant la guerre avec l'Espagne, Amiens devint le centre des opérations militaires et eut à s'imposer de nouveaux sacrifices. Sous le règne de Louis XIV, la révocation de l'édit de Nantes porta un coup fatal à sa prospérité industrielle. Elle s'en releva rapidement dans le xviiie siècle. Par une coïncidence assez frappante, un certain nombre d'officiers allemands qui occupèrent Amiens en 1870 portaient des noms français attestant l'origine de leurs familles.

C'est dans cette ville que fut signé, le 27 mars 1802, entre la France et l'Angleterre, le traité par lequel cette dernière restituait toutes ses conquêtes coloniales, à l'exception de Ceylan et de la Trinité ; Malte fut rendue aux Chevaliers, l'Espagne et la Hollande recouvrèrent leurs colonies.

Depuis, Amiens a cessé de jouer un rôle militaire, et, en 1870, cette place n'avait conservé de ses anciennes fortifications que la citadelle ; de belles promenades, formant à la ville une riante ceinture, remplaçaient ses remparts, dont les pierres avaient servi à construire des usines ; le passé militaire de l'antique *Samarobriva* n'existait donc plus qu'à l'état de souvenir.

II

Les troupes françaises évacuent Amiens ; la citadelle est défendue par les mobiles, sous les ordres du commandant Vogel. — Mort du commandant. — Capitulation. — Occupation de la ville par les Allemands. — Odieuse administration du général prussien von Goeben. — Le curé de Dompierre. — Les Amiénois au secret. — Otages. — Le pâtissier Parmentier.

Après la journée du 27 novembre, les généraux français tinrent un conseil de guerre ; on y décida qu'Amiens serait évacuée, et que le général Paulze d'Ivoy y resterait libre de se défendre, *s'il jugeait que cela fût possible,* avec la garde nationale et les troupes placées sous ses ordres. Mais celui-ci prit le parti de suivre le mouvement de l'armée, emmenant avec lui tout ce qu'il put assembler à la hâte de troupes et de matériel.

Le lendemain, à cinq heures du matin, le tambour battit le rappel ; les hommes, croyant marcher à l'ennemi, se présentèrent plus nombreux et mieux disposés encore que la veille. Le général les ayant prévenus qu'ils devaient remettre leurs armes à la gare, un frémissement de stupeur et d'indignation courut aussitôt dans les rangs. La population, craignant de voir ces armes tomber aux mains de l'ennemi, pilla une caserne.

Le corps de place ou citadelle, situé sur un coteau de la rive droite de la Somme, au nord de la ville, dont il n'est séparé que par un canal, était armé de 22 pièces de 8, de 14 et de 16, obus et mortiers ; mais, dominé par des hauteurs, il ne pouvait, dans l'état actuel de l'artillerie, opposer une longue résistance. La défense en était confiée au commandant *Vogel,* lorrain d'origine, appartenant à l'état-major des places ; au milieu du désarroi de la retraite, on oublia de lui donner des ordres. Quand il vit les deux compagnies de dépôt du 43ᵉ, casernées dans la citadelle, s'éloigner pour se replier sur Arras avec leur régiment, Vogel demanda des instructions au Préfet ; celui-ci n'en avait pas à lui donner, et lui confirma simplement le départ de l'armée. Dès lors, il ne restait au commandant que la première batterie d'artillerie mobile de la Somme, composée de jeunes gens d'Amiens. Il réclama quelques troupes au général Paulze d'Ivoy qui, en partant, lui laissa trois compagnies du 10ᵉ bataillon des mobiles du Nord.

La position de Vogel était des plus critiques : il avait peu à compter sur ses troupes ; un certain nombre de mobiles avaient déjà pris la fuite ; les autres, absolument inexpérimentés, ne pouvaient défendre la place sans tirer sur leur ville natale. Cependant, malgré ces conditions fâcheuses, le commandant était résolu à faire son devoir.

Les Prussiens, ignorant la retraite des Français, furent très surpris de ne plus apercevoir personne devant eux ; Manteuffel, prévenu de l'évacuation, fit rebrousser chemin à ses troupes déjà en marche sur Moreuil, et arriva en vue d'Amiens dans l'après-midi. L'ennemi n'avançait que lentement et éclairé par des hussards ; bientôt il entra dans la ville, dont les habitants exaspérés remplissaient les rues. Pas un cri ne fut proféré ; mais on sentait à l'attitude de la population un frémissement de colère circuler parmi les masses. Avant de s'engager plus complètement dans la cité, les Allemands firent demander le maire, le sommant d'affirmer qu'ils ne couraient aucun danger. M. Dauphin les rassura en leur apprenant que la garde nationale était désarmée et la citadelle évacuée (il ignorait alors que ce second renseignement fût inexact). Un commandant de hussards, furieux de voir le maire garder son chapeau en parlant à ses collègues, l'insulta, ainsi que les notables qui l'accompagnaient ;

il voulut même forcer M. Dauphin à le conduire jusqu'à l'hôtel-de-ville ; celui-ci s'y refusa, ne se souciant
pas de servir d'introducteur à l'ennemi dans la cité
qu'il avait l'honneur d'administrer. L'officier prussien
menaça d'employer la force. Accompagné de quelques
amis, le maire se dirigea alors vers l'hôtel-de-ville,
au milieu d'une foule de plus en plus agitée et dont
une partie rendait la municipalité responsable de
l'évacuation. Les Amiénois, blessés dans leur patriotisme, ignoraient que le sort de leur ville était entre
les mains de l'autorité militaire qui, seule, avait le
droit de décider.

Arrivé à la mairie, M. Dauphin apprit que la citadelle était encore occupée et que le commandant Vogel
avait déclaré vouloir se défendre si on l'attaquait. Il
en prévint aussitôt l'officier allemand ; contraint d'accompagner le chef ennemi dans une reconnaissance
aux abords de la place, il ne cessa d'être en butte
aux injures et aux brutalités de la soldatesque.

Quand la division Barnekow vint défiler, musique
en tête, sur la place Périgord, des larmes de rage
vinrent aux yeux des habitants, forcés d'assister à
cet humiliant spectacle.

La citadelle ne devait pas se rendre sans coup
férir ; le commandant, vieux soldat, plein de vaillance
et d'une bravoure éprouvée, s'était juré de tenir jusqu'à la dernière extrémité. Toutefois, il s'engagea
vis-à-vis des habitants à ne pas « prendre l'initiative
« des hostilités », détermination que le Conseil d'enquête frappa du blâme le plus sévère, car, dit-il,

« l'ennemi en profita pour élever des batteries et
« placer des tirailleurs sur tous les points qui avaient
« vue sur la citadelle, et quand, le 29, il ouvrit le
« feu, ces tirailleurs entravèrent beaucoup la dé-
« fense. »

Les Prussiens voulurent négocier et offrirent au
commandant de la place des conditions tentantes ;
mais ces propositions furent repoussées avec énergie.
Ce que voyant, l'ennemi s'établit en toute sécurité
à peu de distance de la forteresse, crénela les maisons
sur le canal, entre l'église Saint-Pierre et le Jardin
des Plantes, et plaça des tirailleurs de distance en
distance. Puis, ces préparatifs achevés, il fit une
dernière sommation, et le feu commença le 29 novembre, à midi. La place y répondit avec succès,
lançant ses obus contre tout groupe qui s'aventurait
dans le rayon de son tir. Les Prussiens bien embusqués dirigèrent un feu des plus nourris sur les
embrasures des remparts, rendant ainsi très difficile
le service des pièces françaises. Ils auraient voulu
annoncer la reddition d'Amiens au général Manteuffel
qui venait d'arriver.

Le commandant Vogel, frémissant d'indignation
à la pensée que son pays pouvait être asservi par
l'Allemagne, ne quittait pas les remparts, fier de
s'exposer et de trouver l'occasion de se venger des
implacables ennemis de sa patrie. Dans la soirée, il
venait de donner l'ordre à un canonnier de viser un
bureau d'octroi, d'où] les Prussiens dirigeaient sur
les nôtres une fusillade meurtrière, et examinait avec

soin le pointage des pièces, quand un projectile le frappa mortellement.

Un monument a été élevé pour perpétuer parmi les enfants de la Picardie le souvenir de la mort glorieuse du commandant Vogel tombé au champ d'honneur, victime du devoir et de son ardent amour pour la France.

Une véritable attaque avait été résolue par les Allemands pour le lendemain 30 novembre ; ils décidèrent, faute de pièces de siège, de bombarder la ville pendant quarante-huit heures avec de l'artillerie de campagne, afin de ne pas retarder la marche sur Rouen. En outre, le général de Manteuffel fit jeter au milieu de la nuit un pont de bateaux sur la Somme pour faciliter le passage des batteries sur la rive droite de la rivière.

Le commandant d'artillerie mobilisée *Woerhaye*, qui succéda au regretté Vogel, n'attendit pas le bombardement qui allait commencer ; il fit hisser le drapeau blanc et capitula aux mêmes conditions que Sedan.

Le Conseil d'enquête déclara « que le commandant « Woerhaye, ayant été investi du commandement « dans des circonstances très difficiles et qu'il ne « dépendait plus de lui de modifier, ne saurait être « responsable de la perte de la citadelle d'Amiens. » Les hommes de la garnison, presque tous du pays, ne furent pas emmenés comme prisonniers de guerre ; on les mit en liberté quelques jours après la capitulation, moyennant l'engagement de ne plus servir.

Comme caution de cet engagement, le roi de Prusse imposa à la ville le versement, dans quarante-huit heures, d'un million en espèces. Le matériel, qui était intact, fut dirigé sur Péronne et servit au bombardement de cette place.

Les Prussiens rendirent les honneurs militaires au brave Vogel, enterré à la place même où il avait été frappé. Après le discours prononcé par Mgr Boudinet, évêque d'Amiens, le général von Goeben, s'adressant à ses soldats, prit la parole pour leur faire l'éloge de ce vaillant.

Avant son départ pour Rouen, Manteuffel organisa l'occupation d'Amiens d'une manière permanente ; le général von Goeben fut chargé non seulement du commandement de la place, mais encore de la surveillance des communications de l'armée du Nord. L'ancienne capitale de la Picardie devint dès lors le pivot des opérations confiées à cet officier. « La possession « de la citadelle d'Amiens, disait Manteuffel dans ses « instructions au général von Goeben, fournira un « solide point d'appui, permettra d'employer au dehors « la plus grande partie des troupes, car un détache- « ment suffira à garder la ville en toutes circons- « tances. » On ne laissa en effet qu'une faible garnison à Amiens, dont la garde nationale fut entièrement désarmée.

Le général von Goeben s'empressa de mettre à exécution les ordres reçus ; la citadelle lui paraissant suffisante pour être maître d'Amiens, il fit détruire aux frais de la ville les retranchements élevés pour sa défense.

Le préfet *Sultzer*, installé à la préfecture, abolit, au nom du roi de Prusse, les lois concernant la garde mobile, les mobilisés et les contributions indirectes, l'octroi excepté, qui fut laissé aux villes. Il essaya de réorganiser le service des chemins de fer ainsi que celui des postes ; mais, en dépit des promesses de gros salaires, les employés et les facteurs français restèrent sourds à son appel. La citadelle, armée avec des canons venus de La Fère, reçut des approvisionnements considérables, de manière à pouvoir supporter un siège ; on doubla la garnison ; on exigea toutes choses par voie de réquisitions que l'ennemi se garda bien de payer. La terreur, comme partout, fut le grand levier du gouvernement allemand.

Le 16 décembre, le général von Goeben, craignant d'être surpris par Faidherbe, quitta Amiens de très grand matin, tout en laissant une garnison dans la citadelle. Le préfet courut se réfugier à Rouen. Manteuffel, en apprenant l'abandon de la place, profondément blessé dans son orgueil de Prussien, envoya l'ordre au général *Mirus* de partir immédiatement avec des troupes en nombre respectable, afin de remplacer von Goeben qui, disgracié, dut reprendre le commandement de sa division de cavalerie. La crainte de l'armée française du Nord et de la population d'Amiens, dont on connaissait les sentiments hostiles, rendait les Allemands non seulement méfiants, mais féroces.

L'empereur Léon le Philosophe, au IXᵉ siècle, disait à ses lieutenants : « Lorsque, avec l'aide de Dieu,

« vous serez devenus maîtres de la ville, du fort ou du
« château, traitez les habitants avec douceur ; ne les
« menacez d'aucun châtiment ; n'y commettez point de
« cruautés, et n'exigez pas de fortes contributions.
« C'est le moyen de gagner l'affection des peuples et
« d'engager les autres villes à se soumettre. »

En 1870, après plus de mille ans, et en plein dix-
neuvième siècle, le libelliste du pieux Guillaume de
Prusse, souverain de la docte Allemagne, écrivait,
sous l'inspiration du grand chancelier, en réponse à
la circulaire indignée du comte de Chaudordy, délégué
du ministre des affaires étrangères à Tours : « M. de
« Chaudordy dénonce les Prussiens pour avoir bom-
« bardé des villes ouvertes sans en prévenir les habi-
« tants. Il est vrai que, dans les forteresses assiégées,
« l'assiégeant avait fait tous les préparatifs pour un
« bombardement, en prévenant vingt-quatre heures
« à l'avance le commandant de place et les habitants,
« afin que celui-là s'en tienne pour averti et que ceux-ci
« puissent ou quitter la ville, s'il y a lieu, ou chercher
« à s'abriter contre les boulets, et que les femmes ou
« enfants aient du temps devant eux pour influencer le
« commandant en le déterminant à se préserver d'une
« destruction imminente. »

Le général prussien commandant la place d'Amiens
se montra dans cette ville digne exécuteur des cruelles
volontés de l'Empereur et de son trop dévoué serviteur le prince de Bismarck. Du reste, von Goeben
était très versatile d'humeur et de manières ; se faisant
remarquer tantôt par une exquise politesse, tantôt, au

contraire, se conduisant avec une insolence de grossier hobereau. Ainsi, le 4 janvier 1871, le général prussien, venant d'Amiens, prit logement chez le curé de Dompierre. Pendant son séjour, celui-ci fut en butte à des violences journalières. Von Goeben, qui n'admettait jamais le vénérable prêtre à sa table, le contraignit un vendredi à s'asseoir à ses côtés et voulut le forcer à manger de la viande. Mais le vieillard refusa, et les menaces du général ne purent dompter la résistance du digne ecclésiastique qui mourut, dit-on, de chagrin après ces déplorables scènes. L'historiographe des Allemands, *Wollheim de Fonséca,* n'en écrivait pas moins avec indignation : « Maltraiter des « prêtres ! qui connaît le peuple allemand ne pourra « croire à cette calomnie, et nous sommes le soi- « disant diplomate (M. de Chaudordy) de préciser un « cas. Il est facile de calomnier et d'affirmer sans les « moindres preuves les choses les plus infâmes, et le « mépris de tout honnête homme devrait suffire pour « réduire à sa juste valeur ce manque de tout senti- « ment de pudeur. »

Craignant que l'armée du Nord ne vînt reprendre Amiens, les Allemands furent sans cesse sur le qui-vive ; à chaque instant, des reconnaissances quittaient la ville ; les rues retentissaient du pas cadencé des soldats et du roulement sourd des canons ; on enlevait les armes partout et on surveillait attentivement les lignes de chemins de fer qui pouvaient ramener les troupes françaises.

Des discussions et des débats continuels eurent lieu

entre la municipalité et les autorités prussiennes. Inquiet dans son isolement, le général von Goeben gouverna par la terreur. Les nouvelles les plus fantaisistes et les plus invraisemblables circulaient parmi la population. En présence des écrits colportés en ville, le préfet allemand menaça par une proclamation adressée aux habitants « les inventeurs et colporteurs « de ces nouvelles évidemment fausses, d'être punis « selon la rigueur des lois militaires. » Cet avis eut pour effet immédiat de rendre l'attitude de la soldatesque plus insolente et plus dure. Amiens fut absolument tenue au secret, privée de toute communication avec le dehors, isolée de la France, du monde entier, et complètement à la discrétion de l'ennemi. Les Amiénois ne purent désormais rien savoir que par la voie officielle allemande : si le général gardait le silence, il fallait s'en contenter ; s'il publiait des nouvelles, on n'ajoutait qu'une foi bien médiocre aux affiches dont il placardait les murs. Le drapeau noir et blanc qui flottait sur la citadelle, la sentinelle prussienne avec son casque à pointe, étaient pour les habitants· le symbole de l'oppression qui les accablait.

La commune de Nouvion-en-Thiérache (Aisne) ayant refusé ou n'ayant pas pu payer ses contributions, les notables du pays furent amenés par les Prussiens, comme otages, à Amiens, dans des wagons à bestiaux qui n'avaient pas été nettoyés. On les enferma à la citadelle, où ils demeurèrent pendant trois semaines couchés par terre et serrés les uns contre les autres, sans pouvoir ouvrir les fenêtres qui donnaient sur une cour éloignée de toute habitation. Leurs geôliers les abreuvaient d'humiliations avec un semblant de politesse doucereuse qui les rendait encore plus odieux. Afin de les terroriser complètement, on eut la pensée infernale de leur donner le spectacle d'une exécution militaire.

Le 24 décembre 1870, le lendemain de la bataille de Pont-Noyelles, sept soldats allemands vinrent prendre logement chez M. *Parmentier*, pâtissier-confiseur. Malgré l'exiguïté de l'appartement qui ne comprenait qu'une seule pièce déjà occupée par deux lits, les Prussiens s'y installèrent, dînèrent et soupèrent copieusement ; et le soir, malgré les observations de leurs hôtes forcés, persistèrent à rester. M. et Mme Parmentier ne purent prendre aucun repos de toute la nuit. Le lendemain, dès leur réveil, nos Prussiens absorbèrent force gâteaux et force biscuits, se contentant, pour paiement, de serrer les mains du pâtissier qu'ils traitaient de « camarade » ; cette bonhomie affectée ne devait pas être de longue durée. Comme ils se disposaient à sortir, ils recommandèrent à M. Parmentier de leur préparer un repas pour dix soldats, bien qu'ils ne fussent que sept. Le pâtissier leur répondit que les provisions lui faisaient absolument défaut. Les Allemands n'insistèrent pas ; trois d'entre eux sortirent et allèrent boire de l'eau-de-vie dans les cabarets voisins ; les autres demandèrent ce qu'il leur fallait pour écrire. Lorsque ceux qui étaient sortis rentrèrent, l'un d'eux, sur une nouvelle observation de M. Parmentier relative au repas commandé, le frappa d'un violent coup de poing ; ceux qui écrivaient se levèrent et blessèrent Mme Parmentier qui essayait de défendre son mari. D'autres soldats qui passaient dans la rue, entrèrent, saisirent le confiseur et le jetèrent dans le ruisseau ; sa femme qui leur demandait grâce fut frappée violemment. Irrité de cette brutalité, Parmentier se releva et leur cria : « Vous êtes des lâches ; « donnez-moi donc un sabre ! Que je me défende au « moins, puisque vous voulez me tuer ! » Ce cri de désespoir devait causer sa mort. On l'emporta tout sanglant à la citadelle, et pendant plusieurs jours sa famille ignora ce qu'il était devenu.

Après la signature de l'armistice, les notables de la ville essayèrent d'obtenir sa mise en liberté. « Allez « dire vos messes et ne vous mêlez point de ce qui ne « vous regarde pas », dirent-ils à l'évêque qui plaidait la cause de notre malheureux compatriote. Mme Parmentier alla se jeter aux pieds du préfet prussien, mais inutilement : « Ne comptez pas sur l'indulgence, « lui dit-il, il faut un exemple ; il y a d'ailleurs une « volonté plus forte que la mienne. »

Cependant on espérait toujours..... Le samedi 4 février, Mme Parmentier se rendit à la citadelle, avec sa fille âgée de dix ans, afin de porter quelques provisions à son mari ; elle le rencontra entouré de nombreux soldats, au moment où il sortait de la forteresse. « Où vas-tu, mon pauvre ami ? » lui dit-elle. Elle n'avait pas achevé ces mots que quelques soldats s'élancèrent sur ces deux malheureuses femmes qu'ils poursuivirent en les menaçant de leurs baïonnettes.

Quelques instants après, l'infortuné Parmentier tombait frappé de douze coups de feu. Les Allemands eurent la cruauté de renvoyer à la veuve les habits de son mari troués par les balles ! Le corps de Parmentier fut enterré secrètement, et on ne put le retrouver depuis.

Les geôliers des otages de Nouvion avaient choisi pour cette inique exécution de jeunes soldats nouvellement arrivés d'Allemagne, et qui tirèrent là leur premier coup de fusil.

Amiens ajoutait une victime de plus au long martyrologe de l'année terrible !

MONTMÉDY

I

Montmédy occupe une situation pittoresque sur les
rives de la Chiers. La ville haute, assise sur un rocher
escarpé, s'élève isolément au milieu d'une belle et
vaste campagne, environnée de bois. Cette partie de
la petite cité lorraine, enceinte par les fortifications de
la citadelle, se compose presque uniquement d'une
grande place où se trouvent l'église et l'hôtel-de-ville.

Ses remparts ont été élevés par les comtes de
Chiny, par les Espagnols et par Vauban.

Montmédy (1), d'abord simple rendez-vous de chasse,

(1) Montmédy (Meuse), chef-lieu d'arrondissement ; 2.800 habitants.

devint en peu de temps un bourg important, dont les maisons se groupèrent au XIII° siècle autour d'un château-fort, construit en 1235. Le plateau sur lequel on édifia le château fut à la même époque entouré d'une muraille crénelée et flanquée de tours.

En 1364, Montmédy passa à la maison de Luxembourg (1), puis devint successivement fief du Saint-Empire et province de Bourgogne. Tantôt française, tantôt espagnole, cette ville, prise et reprise des deux côtés, eut constamment à souffrir de ces attaques.

En 1542, assiégée par le duc d'Orléans, elle dut capituler.

Rentrée en possession de Charles-Quint, par suite de la paix de Crespy (1544), elle redevint un instant française sous Henri II (1547-1559). Le traité de Cateau-Cambrésis (1559) la fit retourner à l'Espagne. La paix de Vervins, en 1598, remit les choses dans le même état.

En 1657, Montmédy fut assiégée sous les yeux de Louis XIV par le maréchal de La Ferté. Elle se défendit héroïquement ; mais le gouverneur espagnol se rendit après cinquante-sept jours de siège.

La paix de Nimègue, conclue en 1673, en donna définitivement la possession à la France.

Les Prussiens l'attaquèrent en 1815 ; mais l'énergie de ses défenseurs les força à battre en retraite.

Les premiers bruits de guerre arrivèrent à Montmédy dans la journée du 15 juillet. On apprit succes-

---

(1) Une des plus illustres maisons souveraines de l'Europe, fondée au XII° siècle, et qui a fourni cinq empereurs à l'Allemagne.

sivement la rupture des négociations entre la France et la Prusse, la déclaration de guerre et l'entrée en campagne de l'ennemi.

Ces nouvelles furent bientôt confirmées par des dépêches venues de Paris ; elles annonçaient en même temps le départ de nos troupes pour la frontière.

Quelques jours après, l'autorité militaire publia un arrêté du général commandant la division de Metz, ordonnant qu'à l'avenir les portes de Montmédy se fermeraient à dix heures du soir, et s'ouvriraient à quatre heures du matin. Comme des bruits d'invasion prochaine circulaient en ville, on envoya de tous côtés des patrouilles pour surveiller la ligne du chemin de fer, et on travailla activement à remettre la forteresse en état de défense. Mais les bras manquaient ; car à ce moment la garnison de la place ne comprenait qu'un seul détachement de cent vingt hommes du 57° de ligne. On fit alors appel à la bonne volonté des habitants ; tous, sans distinction d'âge et de condition, se mirent à la disposition de l'autorité pour cette œuvre patriotique.

Les jours suivants, Montmédy, si calme et si paisible d'habitude, fut animée par le départ des soldats de la réserve qui arrivaient de tous les points de l'arrondissement, et par le passage des troupes françaises se dirigeant vers la frontière.

Tous ces hommes quittant leurs familles et leurs occupations pour aller défendre la patrie, tous ces militaires allant rejoindre leurs corps, étaient accueillis à Montmédy par les cris de *Vive la France !* Cette généreuse population était heureuse de pouvoir, par ses dons en argent et en nature, adoucir les fatigues de ces enfants de la France qu'elle espérait voir revenir victorieux, tant elle était confiante dans le succès de nos armes ! Ces passages de troupes continuèrent les jours suivants, et nos soldats, dont beaucoup, hélas ! ne devaient jamais revoir le pays natal, reçurent toujours à Montmédy le même accueil sympathique.

Située au haut d'un rocher qu'entoure la vallée profonde de la Chiers, la citadelle est un des boulevards de nos frontières du nord-est. Plus élevée que les terrains environnants, elle domine le pays du haut de ses remparts d'où l'on peut suivre au loin les opérations de l'assiégeant. En outre, les difficultés du terrain rendent presque impossible son complet investissement.

L'importance stratégique de Montmédy, qui commande plusieurs routes et une infinité de chemins, s'était encore accrue depuis l'établissement du chemin de fer de Metz à Thionville, Reims et Paris, dont la possession était ardemment désirée par les Allemands. Elle se trouve ainsi être la clef des défilés de l'Argonne, en même temps que celle des voies d'accès vers le nord de la France.

L'armement de la place était loin de répondre à cette situation.

Le 22 juillet, les deux compagnies du 57ᵉ de ligne, qui formaient la garnison, furent remplacées par le dépôt du même régiment. On réorganisa la garde nationale sédentaire le 27 du même mois ; elle fournit un effectif de 200 hommes.

Le 31, Montmédy, comme toutes les villes fortes des 5ᵉ et 6ᵉ divisions militaires (Metz et Strasbourg), était déclarée en *état de guerre*.

La garde mobile se réunit à Montmédy le 1ᵉʳ août, sous le commandement de M. *Lamorlette,* qui, pour raison de santé, céda sa place à M. *Bertin,* chef d'escadron d'artillerie en retraite. La batterie d'artillerie mobile fut mise sous les ordres de M. *Loarer,* ancien officier de marine breton.

Les casernes étaient dans un tel état de délabrement que la garde mobile ne put s'y installer ; elle dut, pendant quinze jours, prendre logement chez les habitants.

On s'occupa de l'instruction militaire de ces jeunes soldats qui n'avaient jamais tenu un fusil ni touché un canon. Les armes manquaient ; il fallait s'en procurer. Quant à l'habillement, ce fut beaucoup plus long ; et les costumes les plus disparates bigarraient cette petite troupe qui n'avait de français que le cœur. Ces malheureux jeunes gens n'eurent pas de quoi se vêtir même lorsque les premiers froids arrivèrent : pas de vêtements, pas de lits, de la paille seulement ; et encore, dut-on, plus tard, en restreindre la distribution. Telle était la situation des défenseurs de Montmédy ! Le courage et le patriotisme de ces jeunes mobiles leur donnèrent la force nécessaire pour supporter ces privations.

Malgré cet état de délabrement, fantassins et artilleurs étaient exercés régulièrement, et on se préparait à la défense.

Le mardi, 2 août, une dépêche apporta la nouvelle du combat de Sarrebruck, nouvelle accueillie avec joie par la population dont elle fortifia le courage et les espérances. Mais cette joie fut de courte durée ; car, dès le 6 août, on apprenait le grave échec éprouvé à Wissembourg par l'héroïque division du général Abel Douay.

Le même jour, le général commandant de la division fit afficher un avis invitant les habitants à se munir de vivres en quantité suffisante pour assurer leur subsistance pendant six semaines au moins.

La défaite du corps du général Frossart à Forbach, et le combat glorieux, mais néfaste, de Reischoffen, furent connus le 7 août.

La population de Montmédy, dont ces désastres semblaient surexciter le patriotisme, accueillit ces dépêches au cri de *Vive la France !* Les citoyens comprirent plus que jamais la nécessité de s'unir dans un seul et même sentiment, l'amour de la patrie. La confiance était toujours grande ; mais, en présence des revers qui, chaque jour, venaient assombrir les destinées du pays, ils prirent une attitude plus grave et plus réservée, comme si, par avance, ils eussent pressenti nos malheurs.

Le 10 août, Montmédy passa de l'*état de guerre* à l'état de *siège* (1) ; dès lors, les pouvoirs civils et judi-

(1) Une place est mise en *état de guerre* quand l'ennemi est encore quatre ou cinq jours de marche. Toutes les autorités civiles et judi-

ciaires furent aux mains de l'autorité militaire. A partir de cette époque, la garde mobile reçut une tenue uniforme ; et cette sage mesure, quoique tardive, réagit bientôt sur la discipline qui devint meilleure de jour en jour. Elle fut passée en revue, le 15 août, sur la place de l'Esplanade par le commandant Bertin : c'est la seule manifestation qui rappela la fête nationale aux habitants de Montmédy.

Les nouvelles de plus en plus inquiétantes, souvent contradictoires, les passages fréquents de soldats français blessés, beaucoup affreusement mutilés, entretinrent pendant plusieurs jours une animation fébrile dans la cité : on sentait l'approche de graves événements. L'ennemi, en effet, avançait de jour en jour ; déjà ses éclaireurs étaient signalés dans le midi de l'arrondissement.

A cette époque, un certain nombre d'habitants quittèrent la ville, emportant avec eux leur mobilier, et se dirigèrent vers la Belgique, où on les accueillit avec sympathie.

Le 25 août, on apprit par les journaux que Napoléon III et le Prince impérial se dirigeaient sur Montmédy avec l'armée du maréchal de Mac-Mahon. Les jours suivants, en effet, et en prévision de ce passage, arrivèrent de grandes quantités de vivres et de

ciaires doivent alors se concerter avec l'autorité militaire pour tenter les mesures à prendre relativement à la sûreté générale. Cependant, chacune d'elles reste libre dans sa sphère d'action. — *L'état de siège* est prononcé quand l'ennemi ne se trouve plus qu'à deux ou trois journées de marche. L'autorité militaire, dans ce cas, devient omnipotente, et toutes les autres administrations ne fonctionnent plus que comme déléguées par elle.

bestiaux qui remplirent la gare et les magasins de la ville.

Le 26, un petit détachement de vingt gardes mobiles, parti le matin en reconnaissance, rencontra des uhlans : c'était l'avant-garde d'un corps allemand, fort de 12.000 hommes, disait-on. Le lieutenant *Simon,* commandant du détachement, dépêcha aussitôt une personne de bonne volonté afin de prévenir le commandant de Montmédy ; puis, avec ses hommes, il s'enfonça dans la profondeur des bois pour surveiller les mouvements des Prussiens. Dix-huit mobiles, effrayés, reprirent la route de Montmédy, abandonnant leur chef et leurs armes. Le lieutenant Simon rentra le soir dans la place avec les armes de ses hommes, ramenées par des paysans.

A Montmédy, les travaux de la défense étaient à peu près terminés. La petite forteresse, dégagée de la verdure qui lui donnait un aspect si pittoresque, se dressait maintenant solitaire au milieu de ses murailles et de ses bastions et semblait défier l'ennemi qui approchait.

De leur côté, les Allemands, cantonnés à Stenay, voulant isoler Montmédy, envoyèrent une colonne de 500 Saxons pour détruire la ligne de chemin de fer qui desservait la ville. Les Français, campés à Chauvency, voulurent s'y opposer ; mais leur petit nombre les força à se retirer, laissant sur le terrain 7 morts et une dizaine de blessés. Une quinzaine de Prussiens, y compris un capitaine, furent faits prisonniers. Mais leur but avait été atteint : la voie était coupée.

Cependant, l'armée de Mac-Mahon n'arrivait pas, et le bruit du canon paraissait indiquer que les événements s'éloignaient de Montmédy, au lieu de s'en rapprocher.

Tout à coup, le 31 août, les trains du chemin de fer des Ardennes, qui, jusqu'alors, arrivaient jusqu'à Montmédy, cessèrent entièrement d'y venir.

Le 1er septembre, des coups de canon multipliés se firent entendre ; le cri strident des mitrailleuses arrivait à l'oreille de ceux qui veillaient sur les remparts ; d'épaisses colonnes de fumée s'élevaient au-dessus des bois ; tout annonçait un combat violent à quelque distance de là.

Cette fumée intense, c'était l'incendie de Bazeille, allumé par les ordres de l'odieux Von der Thann, dont le nom sera à jamais maudit par tous ceux qui liront le récit de ses exploits pendant cette terrible guerre ; cette canonnade, c'était celle de Sedan qui annonçait à la France que son empereur avait rendu son épée, et que ses armées prenaient le chemin de l'exil.

C'en était fait ! la victoire avait fui nos drapeaux !

Que nous réservait l'avenir ?

Telle était la question, qu'à cette heure suprême, avec toute la nation, se posaient les habitants de Montmédy.

II

Au 1er septembre 1870, la garnison de Montmédy se composait d'environ 3.000 hommes ; mais, sauf 60 soldats du 57e et du 6e de ligne, la plupart étaient peu exercés.

Comme armement, sur 65 pièces, 8 seulement pouvaient répondre à l'attaque de l'ennemi. Les munitions consistaient en 33.330 projectiles, 45.000 kilogrammes de poudre à canon, 6.300 kilogrammes de poudre à fusil, et 303.000 cartouches de différents modèles.

Quant aux vivres, la ville en était abondamment pourvue, grâce aux provisions immenses que l'intendance y avait accumulées en prévision de la jonction probable des deux armées de Bazaine et de Mac-Mahon. Puis, tant que la ligne des Ardennes ne fut pas coupée, les places du nord avaient envoyé des salaisons, du riz, du café, des biscuits et de la farine ; il se trouvait dans la ville de quoi nourrir pendant quelques jours plusieurs centaines de mille hommes.

On était donc à l'abri de ce côté ; et si les Allemands avaient compté sur la faim, leur auxiliaire habituelle, pour amener la capitulation de Montmédy, ils auraient fait un faux calcul.

La place était commandée par M. *Reboul,* ancien capitaine de cavalerie, assisté de MM. *Perrot,* capitaine du génie ; *Masquart,* inspecteur des douanes ; *Lebon,* lieutenant de gendarmerie ; *d'Egremont,* capitaine commandant la garde nationale sédentaire. Comme nous l'avons dit, la garde mobile, infanterie et artillerie, était sous les ordres de MM. *Bertin* et *Loarez.*

Le 2 septembre, dans l'après-midi, un parlementaire se présente à la porte de Metz ; il vient demander la reddition de la ville ; en cas de refus, il prévient que l'attaque commencera immédiatement. Pour donner plus de poids à sa menace, il annonce une nouvelle défaite subie la veille par l'armée française. Le commandant lui répond par un refus formel.

Le lendemain, arriva un nouveau parlementaire, suivi d'un piquet de uhlans. Un incident déplorable se produisit alors : un coup de feu parti des remparts tua raide le trompette qui précédait l'officier allemand. Après explications de part et d'autre, cet incident se termina heureusement pour la ville, et le parlementaire fut introduit auprès du commandant. Il apportait une nouvelle sommation de se rendre ; il fournit des détails sur la capitulation de Sedan, et affirma que l'Empereur avait rendu son épée au roi de Prusse. Personne ne put encore croire à une pareille catastrophe. Le commandant de place opposa un refus énergique à la demande de ce second parlementaire.

Pendant ces moments de répit, l'autorité militaire

fit détruire le bois du Mont-Cé où les Prussiens pouvaient établir des batteries. C'était, en effet, du pied de ce mont que les Français, en 1657, bombardaient Montmédy, alors au pouvoir des Espagnols, et les Prussiens, en 1815, y avaient également placé leur artillerie.

Le 4 septembre, on aperçut des vedettes allemandes qui exploraient les alentours de la place. Le lendemain, d'autres reconnaissances furent signalées. Subitement, un coup de canon partit des bastions ; et les habitants purent voir au loin plusieurs uhlans démontés. Deux autres coups de canon suivirent. L'ennemi, qui, pendant la nuit, avait installé ses batteries, répondit bientôt à cette attaque. Le feu était dirigé principalement sur les deux tours de l'église et sur le campanile de l'Hôtel-de-Ville. Les obus pleuvaient sur la ville haute ; les habitants durent quitter leurs demeures criblées par les projectiles, et se réfugier dans les caves.

Comme toujours, les Allemands espéraient, par l'incendie des maisons et des édifices publics, amener la population à forcer le commandant de rendre la place. En un instant, la Sous-Préfecture et l'Hôtel-de-Ville ne furent plus qu'un monceau de ruines.

Vers onze heures du matin, le feu de l'ennemi ayant cessé, on en profita pour faire évacuer la place aux femmes, aux enfants, et à tous ceux qui voulaient sortir. Le nombre en fut assez considérable.

Sur ces entrefaites, le maire de Thonnelle, commune voisine, vint à Montmédy, envoyé par les Prussiens ; il demanda en leur nom au commandant français de rendre les clefs de la ville. Le malheureux maire, assez mal accueilli, et n'osant plus retourner vers le camp ennemi, prit le parti de rester.

A une heure de l'après-midi, les Allemands, ne voyant pas revenir leur messager, reprirent le feu d'une manière plus violente que dans la matinée. La place répondit avec la même énergie.

Un bâtiment d'artillerie, situé à l'entrée de la ville, brûla avec tout le matériel qui s'y trouvait. Un grand nombre de maisons furent détruites par les projectiles ; le presbytère, les écoles, et tous les monuments publics. L'église avait sa façade et ses fenêtres trouées par les obus. Les pertes occasionnées par ce premier bombardement furent évaluées à près d'un million. Les fortifications étaient intactes, et les remparts n'avaient que des dégâts insignifiants.

Vers trois heures, le feu de l'ennemi cessa tout à coup. Quatre mille projectiles avaient été lancés sur la place, auxquels n'avaient répondu que cent quatre-vingts coups de canon.

Les Allemands, au grand étonnement des assiégés, s'étaient retirés, emmenant leur matériel, et après avoir enlevé leurs morts et leurs blessés. Furieux de l'insuccès de leur attaque, ils pillèrent et dévastèrent les villages voisins.

On put alors se rendre compte des désastres causés par le bombardement, qui avait duré sept heures : parmi la population civile, un homme tué, et deux blessés ; dans la garnison, quatre hommes tués et dix blessés. La ville haute brûlait de tous côtés, et les habitants voyaient avec douleur l'incendie détruire leurs biens et anéantir leur fortune.

Dans la ville basse, moins éprouvée, on fut néanmoins obligé d'évacuer l'hôpital militaire que le feu n'avait pas ménagé. Cependant, le drapeau français et celui de la Croix de Genève flottaient sur cet édifice. Mais les Allemands, qui affichaient dans leurs proclamations de si beaux sentiments d'humanité, ne se firent pas faute, au cours de cette guerre, de méconnaître les prescriptions les plus sacrées du droit des gens. Pareils faits devaient se reproduire fréquemment.

Les abords de Montmédy étaient entièrement dévastés. Beaucoup d'habitants, dans la crainte d'une nouvelle attaque, quittèrent la ville pour gagner l'hospitalière Belgique.

III

Arrivée des prisonniers évadés. — Augmentation de la garnison. — Reconnaissances des mobiles. — Echange de prisonniers. — Le lieutenant Camiade. — Sortie du lieutenant Pasquin. — M. Tessier, commandant de Montmédy. — Nouvelles reconnaissances. — Récompenses accordées aux défenseurs de la ville. — Engagements avec l'ennemi. — Combat de Gérouvan. — Mort du lieutenant Pasquin. — Nouvelles mesures défensives. — L'investissement se resserre. — Un parlementaire. — Refus du commandant français. — Ouverture du feu. — Dégâts importants. — Résolution des habitants. — Parlementaire français. — Capitulation. — Avis du Conseil d'enquête. — Départ des troupes françaises. — Entrée des Allemands. — Etat de la ville. — Souffrances des habitants. — Exigences de l'ennemi. — Réquisitions. — Humiliations. — Matériel de guerre. — M. Billard. — Capitulation de Paris. — Consolation des habitants de Montmédy. — Départ des Allemands. — Arrivée des troupes françaises. — Espérances de la population.

Les jours suivants, quantité de prisonniers français, appartenant à l'armée de Mac-Mahon, vinrent à Montmédy ; ils s'étaient échappés sous des déguisements civils. On apprit par eux les événements qui avaient précédé l'effroyable catastrophe de Sedan.

Malgré les pertes subies pendant le bombardement, les habitants trouvèrent encore le moyen de venir en aide aux officiers et aux soldats qui, exténués de fatigue et mourant de faim, vinrent se réfugier dans leurs murs.

Malheureusement, par défaut d'organisation et manque de surveillance, on ne sut pas tirer parti des immenses quantités de vivres accumulées dans la place ; une partie fut vendue à vil prix, les populations voisines pillèrent le reste.

Montmédy reçut à cette époque environ douze cents prisonniers échappés de Sedán, qui vinrent grossir sa garnison. C'était un renfort d'autant plus précieux que ces hommes joignaient à leurs connaissances militaires une haine profonde contre les Allemands. Ils furent logés dans les maisons abandonnées par les habitants.

La garnison, ainsi augmentée, put dès lors opérer quelques reconnaissances au dehors, au cours desquelles on fit plusieurs prisonniers. Le chef allemand, qui se trouvait à Louppy, avertit à ce propos que si, dans ces expéditions, un seul de ses hommes était tué, il incendierait le village sur le territoire duquel se passerait le fait. Le commandant de la place répondit à son tour que, si un seul village était brûlé aux environs de Montmédy, il ferait, par représailles, exécuter dix prisonniers allemands ; il y en avait alors trente à trente-cinq dans la forteresse.

Le 17 septembre, les mobiles s'emparèrent d'une voiture chargée d'armes et de munitions, et firent trente-trois prisonniers, dont un capitaine ; puis ils détruisirent les lignes télégraphiques établies par les Prussiens pour relier leurs garnisons de Stenay et de Sedan. Précédemment, le viaduc de Thonne-les-Prés avait sauté ainsi que le tunnel situé près de Longuyon.

Pendant quelques jours, le calme régna autour de Montmédy. Le commandant en profita pour augmenter les moyens de défense : les batteries furent reconstruites, et les abords de la place consolidés au moyen de fascines, de gabions et de blindages.

Le 7 octobre, on fit un échange de prisonniers. Le 11, un hardi coup de main fut tenté par la garnison française sur Stenay qu'on savait en ce moment presque dégarni de troupes. La nuit précédente, un détachement, commandé par le lieutenant des guides *Camiade,* avait pu arriver jusqu'aux avant-postes de la petite ville ; après une vive fusillade, nos soldats entrèrent dans Stenay, s'emparèrent de sept officiers et de deux cents soldats qu'ils ramenèrent en triomphe à Montmédy ; ils prirent aussi quantité d'armes, de vêtements, de munitions de guerre et furent assez heureux pour délivrer cinq sous-officiers français. Avant de quitter Stenay, ils détruisirent tous les poteaux télégraphiques installés par l'ennemi.

Le gouvernement allemand, craignant une nouvelle

surprise, supprima le commandement d'étape de Stenay.

Le 15 octobre, un parlementaire vint demander l'échange des officiers prisonniers. Le commandant répondit par une fin de non-recevoir. Le surlendemain, quelques soldats, conduits par le lieutenant *Pasquin*, retournèrent à Stenay, d'où ils ramenèrent des effets, des armes et des munitions de guerre que, dans sa précipitation, l'ennemi avait oubliés en quittant la ville.

Le 18, le commandement de la place fut retiré à M. Reboul, et confié à M. *Tessier*, chef de bataillon du génie.

Les reconnaissances continuèrent jusqu'au 15 novembre et furent presque toutes couronnées de succès. Les armes, les munitions, les chevaux enlevés à l'envahisseur vinrent heureusement compléter le matériel insuffisant de la place. En outre, ces expéditions répétées avaient un grand avantage pour la garnison qu'elles aguerrissaient, tout en l'arrachant à une oisiveté mortelle pour la discipline.

Dans les premiers jours de novembre, on apprit par un numéro du *Moniteur* (1) que plusieurs officiers, sous-officiers et soldats de la garnison de Montmédy avaient reçu de l'avancement. M. Tessier, chef de bataillon du génie, commandant supérieur, était élevé au rang de lieutenant-colonel ; M. Reboul, capitaine de cavalerie, commandant de la place, recevait

(1) Adressé de Tours, et qui avait pris la voie de la Belgique.

le grade de chef d'escadron ; et M. Loarer, capitaine de la batterie d'artillerie mobile, avait le même avancement.

Metz et Verdun avaient capitulé : le siège de Montmédy ne pouvait plus être éloigné. Des feuilles belges annonçaient d'ailleurs que le roi de Prusse venait d'envoyer à ses généraux l'ordre de s'emparer successivement de toutes les forteresses du nord de la France. En outre, depuis quelques jours, les Allemands paraissaient en plus grand nombre autour de la place.

A partir du 15 novembre, eurent lieu de fréquents engagements dans les environs ; mais l'ennemi, abrité par les forêts voisines, ne s'aventurait que lorsqu'il était en force, trois contre un, suivant son habitude. Il se ruait alors sur les petits détachements français dont il pouvait, étant caché, suivre les mouvements sans danger. C'est dans une de ces rencontres, à laquelle on donna le nom de *Combat de Gérouvan,* que le lieutenant *Pasquin,* de la mobile, trouva la mort.

Le lieutenant *Jacquet,* également blessé dans ce combat, mourut quelque temps après des suites de ses blessures.

Ces rencontres successives, ainsi que les préparatifs de l'ennemi, étaient le prélude d'une nouvelle attaque.

On prit des mesures en conséquence. Les postes extérieurs ayant été renforcés et confiés à des soldats éprouvés, les rondes de nuit se multiplièrent ; on doubla la garde des portes ; les arbres qui restaient dans la zone militaire furent abattus ; les voies conduisant à la place, barrées ; des gardes de jour et de nuit veillèrent dans les casemates et sur les remparts ; on s'approvisionna de bois de chauffage, et on relia la ville haute et la ville basse par un télégraphe. Ces travaux défensifs que commandaient les circonstances se prolongèrent jusqu'aux derniers jours avec la même ardeur et la même activité.

Cependant l'investissement se resserrait de plus en plus et les nouvelles du dehors n'arrivaient que d'une façon très irrégulière. Jusqu'alors, les prisonniers allemands internés dans la forteresse avaient été autorisés à recevoir leurs lettres. On n'y consentit plus désormais qu'à la condition expresse que les journaux pourraient entrer à Montmédy. La chose fut accordée.

L'ennemi, dont plusieurs propositions avaient été rejetées, vit, par ces refus réitérés, qu'il lui restait seulement deux partis à prendre : ou tourner la place ou en entreprendre le siège. Il s'arrêta à cette dernière résolution.

Le dimanche 11 décembre, les Prussiens ayant terminé leurs préparatifs aux abords de Montmédy, envoyèrent un parlementaire pour sommer la ville de se rendre « sous peine d'un bombardement prochain. »

La réponse fut négative.

Cette nouvelle se répandit aussitôt, et chacun prit ses précautions pour supporter un nouveau bombardement.

Les Allemands ne tardèrent pas à mettre leurs menaces à exécution.

Le lendemain 12 décembre, à sept heures du matin, quarante-deux pièces de gros calibre et vingt pièces de campagne ouvrirent le feu. L'ennemi, dont les batteries étaient dissimulées derrière un rideau de bois, espérait, par la violence de l'attaque, décourager les habitants et forcer ainsi la garnison à capituler.

Mais Montmédy veillait ; les artilleurs français, qui avaient passé la nuit à leur poste, ripostèrent vigoureusement, et avec un tel succès que les assiégeants en furent surpris. La canonnade dura ainsi toute la journée ; mais les assiégés ne tardèrent pas à se rendre compte que leurs efforts étaient inutiles.

Les Allemands, cette fois, dirigeaient leurs coups plus spécialement contre la ville haute ; la ville basse paraissait devoir être épargnée. Etait-ce par humanité ? Nous voudrions le croire pour l'honneur de l'Allemagne civilisée ! Mais non, de tels sentiments n'entraient pas dans le programme de l'inexorable de Moltke. L'incendie de la ville basse était réservé comme ressource suprême et dernier moyen d'intimidation.

Le bombardement continua pendant toute la nuit, et les Allemands purent aisément poursuivre leur œuvre de destruction. Les assiégés, auxquels un brouillard intense dérobait la vue de leurs adversaires, eurent la douleur d'assister les bras croisés à la ruine et à la dévastation de la ville qu'ils avaient mission de défendre. Du reste, l'emploi des gros projectiles lancés par l'ennemi ne permettait pas de continuer le combat avec succès.

Les dégâts matériels furent très importants. La ville haute offrait l'image de la plus affreuse désolation. Les maisons étaient percées à jour, et leurs murailles ne présentaient plus que des pans déchiquetés par la mitraille ; on pouvait voir les rues couvertes de débris, les édifices publics, les casernes horriblement mutilés.

Dans la population civile, plusieurs travailleurs tombèrent victimes du devoir ; la garnison compta une vingtaine d'hommes blessés.

Les assiégeants avaient lancé près de trois mille obus ou bombes sur la ville, qui riposta par un tir calme, mais opiniâtre.

La journée du 13 décembre s'écoula sans autre incident.

Malgré ces désastres considérables, la résolution des habitants ne faiblit pas un seul instant. Aussi apprirent-ils avec stupéfaction que le Conseil de défense, réuni en toute hâte, délibérait sur la reddition de la place. Tout à coup, le clairon se fit entendre ; nos parlementaires allaient rendre la ville.

Nous ne nous ferons point ici l'écho des commentaires auxquels donna lieu une pareille démarche. L'avis du Conseil d'enquête, dont nous allons citer les conclusions, nous paraît suffisamment explicite :

« Les dégâts causés dans la ville et aux bâtiments
« militaires par le feu de l'ennemi, l'impossibilité où
« se trouvait la place d'y répondre avec les deux seules

« pièces de 24 qui étaient en batterie et avaient une
« portée insuffisante, la crainte de voir sauter les
« magasins à poudre, déterminèrent le commandant
« Tessier à rendre la place, sans qu'aucune demande
« ait été faite dans ce but par le Conseil municipal ni
« par les habitants de Montmédy.

« Le Conseil d'enquête est d'avis que le comman-
« dant Tessier a prolongé la résistance autant que ses
« moyens le lui permettaient, mais qu'il a eu le tort
« de ne pas détruire, avant la signature de la capitu-
« lation, son artillerie, les armes, les munitions de
« toute nature renfermées dans la place. »

La journée du 14 décembre fut pour la population
une journée de tristesse et de désolation. Vers midi,
des postes allemands vinrent occuper les portes de la
ville. Par une pluie battante et sous un ciel sombre,
la garnison (3.000 hommes environ) défila, triste et
morne, entre les deux rangs de l'armée ennemie, et
disparut bientôt par la porte de Metz. En route, dix-sept
cents hommes environ purent s'esquiver et gagner
la Belgique ; les autres prirent la route de Munich.
Les officiers, au nombre de quarante, furent internés
à Neubourg (Bavière). Vingt-quatre, parmi lesquels
le commandant supérieur Tessier et le capitaine d'artillerie Loarer, parvinrent à s'évader et rentrèrent en
France.

La garnison captive était à peine sortie que les
Allemands, musique en tête, pénétrèrent dans Montmédy qui, dès lors, eut à subir de nombreuses humiliations.

La ville haute, où se trouve la forteresse, présentait l'aspect d'un monceau de ruines ; les casernes étaient inhabitables ; la ville basse dut pourvoir au logement des troupes étrangères.

Les habitants furent maltraités, pillés par les vainqueurs qui voulurent quand même trouver, dans un pays ruiné et dévasté par deux bombardements, toutes les douceurs et toutes les commodités d'une vie facile et abondante.

A peine installés, les Allemands s'occupèrent de rétablir les lignes de chemins de fer et les voies de communication détruites par nos soldats ; la municipalité fut contrainte de fournir des ouvriers civils pour ces travaux.

Des réquisitions nombreuses achevèrent de ruiner cette malheureuse cité qui bientôt se trouva dans l'impossibilité de satisfaire aux exigences du vainqueur. On alla même jusqu'à demander aux vaincus de fournir l'étoffe des drapeaux allemands qui devaient désormais remplacer les couleurs françaises sur les édifices publics !

Cette humiliation fut certainement la plus cruelle de toutes pour cette vaillante population.

Beaucoup refusèrent de souscrire à ces caprices odieux, et se virent, pour ce fait, punis d'une manière rigoureuse. M. Billard, chef de section du chemin de fer de l'Est, accusé d'avoir empêché ses hommes de travailler à la reconstruction de la ligne, fut emmené à Colberg (Poméranie) où on le retint prisonnier pendant six mois.

Le matériel de guerre capturé à Montmédy fut partie détruit, partie vendu à des trafiquants d'Allemagne ; on utilisa le reste pour la défense de la place, dans le cas où les succès de nos armes rendraient cette défense nécessaire.

Le 29 janvier, les habitants entendirent le canon tonner sur les remparts. Etait-ce la riposte à une attaque de l'armée française ? car on espérait toujours, on croyait encore à des victoires possibles ! Hélas ! ce canon annonçait un nouveau malheur : c'était le dernier acte de l'effroyable drame dont la France voyait, depuis six mois, se dérouler les douloureux tableaux !

Paris avait capitulé !

Tout espoir était donc perdu ? Qu'allait devenir notre chère patrie ?

On apprit bientôt la conclusion de l'armistice. Puis, on connut les principales dispositions du traité de paix, et ce fut alors un profond soulagement pour les habitants de Montmédy ; ils échappaient au sort cruel de ceux de leurs compatriotes qui passaient sous le joug odieux de la Prusse.

Enfin, après avoir subi, depuis le 14 septembre 1870, les avanies et les déprédations des troupes allemandes, Montmédy vit avec joie arriver le jour de sa libération.

Le 28 juillet 1872, la garnison ennemie quittait la place, et aussitôt les couleurs nationales flottèrent sur les bastions et sur l'église. Les cloches sonnèrent à toute volée pour annoncer cet heureux événement aux populations des alentours ; les maisons, portant encore les traces des obus, se pavoisèrent instantanément de drapeaux tricolores ourlés de crêpe qui rappelaient le deuil de la patrie !

Le 29, une compagnie du 106° de ligne vint prendre garnison à Montmédy, et les habitants reçurent à bras ouverts ces soldats français, bannis depuis deux ans de nos héroïques départements de l'Est.

Des cris de *Vive la France ! Vive l'armée !* saluèrent le drapeau dont la vue réjouissait les cœurs et faisait oublier les douloureuses épreuves du passé.

Il semblait à tous que la France relevait la tête, et qu'en dépit de ses malheurs elle pouvait encore, grâce à son énergie et à sa vitalité, reprendre son rang de grande nation.

Espérons, et souvenons-nous !

MÉZIÈRES

I

Mézières (1) occupe, sur la rive droite de la Meuse, l'entrée d'une presqu'île ; deux de ses faubourgs se trouvent vers la rive gauche ; le faubourg de Pierre au sud, et, au nord, le faubourg d'Arches, qui se relie à l'industrieuse cité de Charleville.

La situation de cette place, desservie par des routes nombreuses et quatre voies ferrées, devait inévitablement attirer l'attention des Allemands. Protégée par une double enceinte et par la Meuse qui lui forme une ceinture, Mézières est imprenable d'assaut ; malheureusement, le terrain avoisinant domine la vallée de 130 à 140 mètres, à une lieue environ de la rivière. Ces positions permettaient de bombarder directement les ouvrages de la forteresse et les divers quartiers de la ville. D'épaisses forêts couvrent la place au nord.

(1) Mézières (Ardennes), chef-lieu du département ; 6.674 habitants.

La défense de Mézières se compose : 1° du *corps de place* (anciens murs de neuf mètres de hauteur, avec fossés remplis d'eau) ; des tours casematées s'élèvent à l'ouest et au nord ; 2° de la *citadelle,* carré bastionné construit par Vauban, à l'est de la ville, dont elle est séparée par un canal de quinze mètres de largeur ; 3° de la *Tête de Pont d'Arches ;* 4° de la *Tête de Pont de Champagne,* ouvrages de médiocre valeur.

La garnison se composait, en 1870, de 3.300 hommes, parmi lesquels 1.200 soldats de l'armée régulière, ayant au plus trois mois de service, 180 canonniers et 14 sapeurs du génie. Après la capitulation de Sedan, les soldats échappés à la captivité, ou laissés en arrière par le 13° corps, vinrent augmenter la garnison et en porter l'effectif à 5.000 hommes.

Le gros armement comprenait 131 bouches à feu dont 38 rayées. L'artillerie était commandée par le comte *de Viry,* de la mobile des Ardennes.

Après la journée du 2 septembre, une convention fut d'abord conclue entre le gouverneur de Mézières (c'était alors le général *Mazel*) et le général *Von der Tann,* stipulant un armistice pouvant être dénoncé vingt-quatre heures à l'avance, et en vertu duquel la France permettait le passage des trains de transport de blessés en Belgique, moyennant la faculté de faire passer des vivres aux prisonniers de Sedan. Cette convention resta en vigueur jusqu'au 20 octobre. Les Français en profitèrent pour renforcer leurs moyens de défense et compléter l'instruction des troupes de la garnison, dont une partie rejoignit l'armée du Nord.

Mézières ne conserva plus dès lors dans ses murs que 2.000 hommes environ.

La convention ayant été dénoncée par nous, à partir du 26 octobre, les Allemands se rapprochèrent de la place et firent des préparatifs en vue d'un siège. Ils augmentèrent, à la même époque, l'effectif de leur corps d'observation, pour mettre fin aux incursions des francs-tireurs. Réfugiés dans les parties boisées du pays, ces derniers les gênaient énormément. Ils firent deux fois dérailler des convois de troupes ; l'un fut en partie précipité dans la Meuse, et l'autre massacré aux environs de Poix (1).

Le 19 décembre, le général *Kamecke,* qui s'était emparé successivement de Thionville et de Montmédy, arriva sous les murs de Mézières, et un corps de siège s'installa à La Franchevile (2). Jusqu'à cette date, la place n'avait été investie que par la 2e division de réserve, sous les ordres du général *Schuler de Senden,* qui se trouvait devant Mézières depuis la fin de novembre.

Des tranchées-abris et des retranchements furent établis par les avant-postes ennemis, et l'investissement de la place se compléta. Ces opérations donnèrent lieu à de fréquentes escarmouches avec les francs-tireurs qui devenaient de plus en plus entreprenants.

Quelques jours plus tard, l'investissement fut complet, et 98 pièces, dont beaucoup de françaises venant de Verdun et de Montmédy, étaient en batterie.

(1) Bourg des Ardennes, canton d'Omont.
(2) Bourg du canton de Mézières.

Le 31 décembre, à huit heures du matin, par un temps couvert permettant à peine de voir les buts, elles ouvrirent le feu, protégées par les postes avancés qui enserraient la ville. La place répondit d'abord avec une extrême vigueur ; mais, vers trois heures, le feu diminua graduellement, et bientôt cessa tout à coup. Plusieurs incendies se déclarèrent, non seulement dans Mézières, mais dans Charleville, qui reçut pour sa part un millier d'obus. Les Prussiens bombardaient Charleville pour hâter la reddition de Mézières.

Cet affreux bombardement fut un des plus navrants épisodes de l'invasion. L'ennemi employa contre cette malheureuse cité tous les moyens de destruction mis par la science à sa disposition, sans tenir aucun compte, comme toujours, des sentiments d'humanité les plus élémentaires.

Afin de donner à nos lecteurs une juste idée de la furie barbare avec laquelle Mézières fut attaquée, nous ne pouvons mieux faire que de citer la relation suivante de M. *Jules Mary*, qui se trouvait alors dans la cité assiégée :

« Pendant vingt-sept heures, j'entendis passer ces
« sinistres engins de mort, parcourant brutalement leur
« parabole au-dessus de moi avec un sifflement furieux,

« Et peu à peu un immense nuage, fait de flocons
« de fumée épais, s'étendit, s'élevant des batteries
« prussiennes, autour de la ville.... et au-dessus de
« Mézières en feu, planait un nuage gris, noir, puis
« bleu, à reflets rouges, qui se tendait et s'élargissait,
« semblable au fantôme de la destruction.

« Les portes de la ville furent abandonnées, les
« ponts-levis baissés par les factionnaires éperdus,
« et les remparts, devenus déserts, semblaient
« tristes et désolés au milieu de cette pluie de pro-
« jectiles !... On était aux casemates, et personne
« ne se trouvait là pour donner un ordre, activer
« la défense, pointer les pièces, faire preuve de
« sang-froid.....

« Tout le jour, la ville brûla ; et, quand vint la nuit,
« quand on crut pouvoir espérer du soulagement, les
« détonations devinrent plus vives, plus pressées, et,
« de temps à autre, une fusée bleue, partant des hau-
« teurs de Bois-Fortant, répondait à une fusée lancée
« des positions de *Saint-Laurent*.

« Une seule batterie française fit son devoir : la
« batterie du faubourg de Pierre, prenant *Romery* en
« enfilade, tira trente ou quarante coups, et fut
« démontée vers deux heures de l'après-midi.

« A partir de ce moment, la ville se laissa brûler,
« inerte et passive.

« Et c'était vraiment une chose épouvantable à voir
« que cette malheureuse ville brûlant ainsi, sans se
« défendre, avec ces grands reflets rouges et les
« longues flammes de l'incendie qui se lancent au ciel,
« s'abaissent, se tordent, s'agitent et disparaissent tout
« à coup pour un instant, dans un tourbillon de fumée
« noire.

« Et toujours les mêmes sifflements, les mêmes déto-
« nations, les mêmes écroulements de murailles, tout
« cela dans une nuit froide, calme et sereine, en face

« de l'homme en furie, avec des étoiles au firmament,
« et, dans l'air, le reflet blanchâtre et demi-clair de la
« neige.....

« Au dedans, spectacle horrible du plus épouvantable
« cataclysme : les maisons, les rues entières s'effon-
« draient sur elles-mêmes ; les murs encore debout,
« éventrés par d'énormes projectiles, s'affaissaient
« comme des géants vaincus ; les rues encombrées, les
« fils du télégraphe coupés et barrant les passages
« encore libres, les becs de gaz brisés ou tordus par
« l'effleurement d'une bombe, le rebondissement ou
« l'éclatement de l'obus sur le pavé ; tout cela était
« magnifique et horrible.

« Puis, parfois, tout se taisait pendant quarante,
« cinquante secondes ; alors on pouvait voir une ombre
« affolée, surgissant d'une maison en flammes ou d'un
« tas de décombres fumants, et se dirigeant bien vite
« en longeant les maisons, ployée en deux sur elle-
« même et frémissante, vers les casemates ou derrière
« les remparts, le seul abri sûr.

« Et parfois aussi, interrompant ces rares répits, un
« long gémissement, le halètement rauque d'un homme
« étouffé ou brûlant vif, le dernier cri d'angoisse
« suprême de l'homme à l'agonie.....

« Puis les obus tombaient plus vite, les murs s'effon-
« draient toujours, les flammes se ravivaient, les mai-
« sons épargnées étaient atteintes avec une infernale
« adresse.

« Quelle nuit ! et quelle aurore !

« Enfin, le 1ᵉʳ janvier 1871, à huit heures du matin,

« le commandant de place fit élever le drapeau blanc
« sur la citadelle.

« Les Prussiens, ne le voyant pas, bombardaient
« toujours. Alors, vers dix heures et demie, trois gar-
« des mobiles, parmi lesquels un clairon et un sous-
« officier, furent détachés de la *lunette* de Bertancourt
« et allèrent poser le drapeau de la reddition en avant
« même de l'avancée, confiée aux francs-tireurs de la
« première compagnie, commandée par le capitaine
« *Thiéry*, dont pas un n'avait quitté son poste périlleux.

« Et, peu à peu, comme à regret, les coups de canon
« cessèrent.

« Mézières brûla jusqu'au soir.

« Et le lendemain, à onze heures, les Prussiens,
« musique et fifres en tête, entraient dans la ville
« détruite, trébuchant au milieu de ses décombres.

« La vieille cité de Bayard avait reçu plus de six
« mille obus (1) et n'avait tiré que cent cinquante coups
« de canon. »

Vers le soir du 31 décembre, la garnison avait tenté
une sortie qui fut repoussée.

Cinquante-trois habitants périrent au cours de ce
bombardement ; six moururent des suites de leurs
blessures, et trente-deux autres furent ensevelis ou
asphyxiés dans les caves, sous les décombres de leurs
maisons.

Détail navrant : le chef de la famille *Mottais*, composée de cinq personnes, dont trois enfants, fut retrouvé

---

(1) Le nombre des projectiles lancés sur la ville fut d'environ 12.000.

mort, une pioche entre les mains. Ces malheureux avaient succombé lentement à l'asphyxie produite par la chaleur énorme qui se dégageait de l'incendie. Un autre habitant de Mézières, M. *Morant,* fut entièrement carbonisé, et Mme *Taton,* blessée mortellement en traversant la rue ; douze personnes périrent écrasées dans la maison *Blanchard,* et neuf autres dans un immeuble situé près de l'église.

« Pendant une partie du blocus, écrit d'autre part le « colonel Prévost, la garnison avait monté la garde « aux remparts 28 heures sur 48 ; elle était sur les « dents.

« Comme faits particuliers, nous signalerons la pro- « digieuse pénétration d'un gros projectile qui tomba « verticalement dans le jardin du commandant de la « place ; il n'éclata pas, mais s'enfonça de trois mètres « dans le sol naturel dont la surface était fortement « gelée. Nous mentionnerons aussi l'attaque du cime- « tière de Charleville : les troupes qui le défendaient « lâchèrent pied et l'abandonnèrent précipitamment « pour rentrer dans la ville ; les assaillants, voyant ce « mouvement, exécuté avec beaucoup d'entrain, crurent « à une sortie faite contre eux et se sauvèrent à toutes « jambes. »

Le bombardement de Mézières fut, proportions gardées, un des plus terribles de la guerre ; sur une population de 4.000 habitants, il y eut, avons-nous dit, cinquante-trois tués ; à ce compte, Paris aurait compté environ 27.000 morts dans sa population civile.

Le Conseil d'enquête décida, le 6 mai 1872, que le

général Blondeau, commandant supérieur de Mézières, « méritait le blâme pour avoir capitulé sans que les « prescriptions du décret du 13 octobre 1863 eussent « été remplies, pour n'avoir détruit qu'une partie de « son matériel et de son armement, et avoir abandonné « à l'ennemi une énorme quantité d'approvisionnements « de toute espèce. »

Après la capitulation, la 14e division allemande reçut ordre du général Manteuffel de se rendre sur la Somme ; la plupart des pièces de gros calibre de l'équipage de siège furent dirigées vers Paris. La prise de Mézières assurait aux Prussiens la libre possession de la ligne ferrée de Thionville-Reims, appelée « ligne des Ardennes. »

II

Histoire de Mézières. — Sièges divers. — Le chevalier Bayard. — Son courage et son désintéressement. — Les fortifications. — Mariage de Charles IX. — Une école militaire. — Le siège de 1815. — La bombe suspendue. — Récit de Victor Hugo.

Mézières, comprise dans l'ancien Réthelois, se forma autour d'un château bâti vers la fin du ix⁰ siècle ; ce n'était encore qu'un simple bourg trois cents ans plus tard. Elle s'accrut considérablement, en 1214, après la bataille de Bouvines.

L'empereur Othon IV avait juré de châtier les Liégeois et de ruiner leur pays, s'il était victorieux des Français. Battu par Philippe-Auguste, il ne put mettre ses menaces à exécution ; mais les Liégeois, et avec eux une partie des populations voisines de la Meuse, vinrent néanmoins s'abriter sous les murs de Mézières. Le comte de Réthel accorda à ces nouveaux venus les mêmes droits et privilèges qu'aux premiers habitants, ainsi que la permission de bâtir.

La construction de la première enceinte remonte à l'année 1233 ; cependant Mézières avait eu, précédemment, à supporter plusieurs sièges : en 940, celui du comte de Réthel, et, en 977, un autre de l'archevêque de Reims.

Sa prospérité date principalement de la dernière moitié du xv siècle ; mais, ce qui contribua surtout à accroître sa population, ce fut l'arrivée d'un certain nombre de Liégeois fuyant devant Charles le Téméraire. Mézières devint en même temps l'une des places les plus importantes de ce côté de nos frontières ; elle fut, en quelque sorte, la clef de la province de Champagne.

Pendant les sanglantes guerres de François Ier et de Charles-Quint (xvi siècle), la ville se vit menacée par les Impériaux qui, fiers de s'être emparés de la petite cité de Mouzon, marchaient avec confiance sur la seule barrière qui s'opposât encore à leur marche victorieuse.

Les fortifications de Mézières tombaient en ruines ; armes, vivres, soldats, tout y manquait. A la première nouvelle de la capitulation de Mouzon, François Ier assembla un conseil de guerre auquel assista Bayard. Les capitaines les plus expérimentés furent d'avis de ruiner Mézières qu'ils jugeaient incapable de se défendre, et d'incendier tout le pays environnant, afin d'affamer l'armée ennemie. Le bon chevalier eut horreur de ces dévastations, et insista pour conserver la ville, disant « qu'il n'y avait point de place faible où il y « avait des gens de bien pour la défendre ; j'irai, dit-il « au roi, m'enfermer dans Mézières, et je vous en « rendrai bon compte. » Le roi répondit « qu'il n'y avait « homme en son royaume en qui il se fiât davantage », et, sur-le-champ, il le nomma son lieutenant général dans Mézières.

Bayard se jeta aussitôt dans la place, et ce fut, parmi la noblesse, à qui l'accompagnerait en qualité de volontaire. Anne de Montmorency, « jeune homme de « grand cœur », depuis connétable de France, partit sans retard, « heureux et glorieux de servir sous un si « grand et renommé capitaine. » Le premier soin de Bayard, après avoir fait sortir toutes les bouches inutiles, fut de rompre le pont sur la Meuse, qui joignait Mézières à la France. Puis, il rassembla les soldats et les bourgeois, leur fit jurer de ne jamais se rendre, et de défendre leurs foyers jusqu'à la mort. « Si les « vivres nous manquent, nous mangerons d'abord « nos chevaux, et après, ajouta-t-il avec sa gaîté ordi- « naire, nous salerons et nous mangerons nos valets. » Il prit ensuite des mesures efficaces pour empêcher le gaspillage des munitions.

Bayard, qui avait trouvé la place en fort mauvais état, fit travailler jour et nuit à réparer les fossés et à relever les murailles. Afin de stimuler les ouvriers, il mit lui-même la main à l'œuvre, et l'on vit bientôt, à son exemple, tous les gentilshommes porter des pierres, brouetter la terre comme maçons et pionniers. Il dépensa aux fortifications de Mézières plus de trois mille écus de son argent, encourageant ses compagnons d'armes par ses discours et par sa résolution, à un tel point que tous pensaient être en la meilleure et plus forte place du monde.

Peu de jours après, le comte de Nassau, qui commandait les troupes de Charles-Quint, vint assiéger Mézières avec une armée de 35.000 hommes et plus de 100 pièces de canon, parmi lesquelles se trouvaient des mortiers à bombes, dont l'essai meurtrier fut fait à ce siège. Le lendemain, deux capitaines allemands envoyèrent un héraut sommer Bayard de rendre la ville à l'Empereur. Il répondit en souriant : « Mon ami, « retournez dire à ceux qui vous ont envoyé que le roi, « mon souverain seigneur, m'a confié cette place, et « que, Dieu aidant, vos maîtres seront las de l'assiéger « avant que je ne le sois de la défendre ; je n'en sortirai « que sur un pont fait des cadavres de mes ennemis. »

De retour au camp, le héraut rendit compte de sa mission, en présence d'un vieux capitaine qui, autrefois, avait servi avec Bayard dans les armées du roi de France, et qui s'exprima ainsi : « Mes seigneurs, ne « vous attendez pas à entrer dans Mézières tant que « vivra monseigneur de Bayard ; je le connais, j'ai « combattu sous ses ordres, et il est conditionné de « façon à donner du cœur aux plus couards gens du « monde. Sachez que tous ceux qui sont avec lui « mourront à la brèche, et lui le premier. Quant à

« moi, je préférerais qu'il y eût dans la place deux
« mille hommes de plus, et lui seul de moins. » Les
généraux ennemis prirent alors leurs dispositions pour
l'attaque, et donnèrent le signal aux batteries. En
moins de quatre jours la ville fut criblée de plus de
cinq mille bombes et boulets. Les assiégés, malgré la
faiblesse de leur artillerie, malgré la dyssenterie qui
décimait la population et la garnison, tinrent pendant
six semaines ; le brave chevalier put même tourmenter
ses adversaires par des sorties continuelles où il
remportait honneur et profit.

Enfin, désespérant d'affamer la ville et de s'en emparer, les Impériaux n'osèrent livrer aucun assaut à
cette place presque démantelée et défendue par quatre
à cinq mille soldats seulement ; ils « troussèrent leurs
« quilles » et levèrent le siège. L'enthousiasme fut
général ; l'éloge de Bayard était dans toutes les bouches.
François Ier, qui se rendit dans son camp, « lui fit
« accueil merveilleux, et ne se povait saouller de le
« louer devant tout le monde. »

Pendant ce siège, qui dura six semaines, furent
tirées les premières bombes ; on en jeta plus de trois
mille dans la place. Ce feu terrible ne réussit point à
intimider la garnison, bravement soutenue d'ailleurs
par les bourgeois. On célébrait autrefois avec pompe
l'anniversaire de ce glorieux événement. A cette cérémonie commémorative, on portait processionnelle-
ment le vieil étendard du Chevalier sans peur et sans
reproche, et, à l'église, un prêtre prononçait l'éloge
du *Loyal serviteur*.

Ce fut François Ier qui fit c onstruire les fortifications de Mézières.

Le mariage de Charles IX avec Elisabeth, fille de l'empereur Maximilien, fut célébré à Mézières le 26 septembre 1570, au milieu de grandes fêtes ; on servit au repas le premier coq d'Inde importé en France.

En 1748, Louis XV y ouvrit une école de génie militaire, qu'un de ses professeurs, le célèbre Monge, proposa comme modèle à la Convention, lorsqu'il fut question de créer l'Ecole centrale. On cite *Carnot* parmi les hommes distingués qui en sortirent. Cet établissement fut plus tard transféré à Metz.

Après le désastre de Waterloo, une armée de Prussiens, de Hessois et de Wurtembergeois assiégea Mézières. Des canonniers bourgeois empêchèrent longtemps les ennemis de braquer leurs pièces d'artillerie sur la ville et la citadelle. Il fallut quarante-deux jours de tranchée et un bombardement pour la contraindre à capituler. Les défenseurs de Mézières obtinrent des conditions honorables. Ce succès coûta, dit-on, aux coalisés, 5.000 hommes sur 20.000.

En visitant la ville, en juillet 1838, Victor Hugo aperçut, sur le mur de l'église, une inscription qui rappelait le bombardement de 1815. « Au-dessous de « l'inscription, on a ajouté, écrit-il, ces deux lignes en « latin quelconque : *Lector, leva oculos ad fornicem* « *et vide quasi quoddam divinæ manus indicium.* »

« J'ai levé les yeux *ad fornicem,* et j'ai vu une large « déchirure à la voûte, au-dessus de ma tête. Dans

« cette déchirure, une grosse bombe se tient suspen-
« due à des saillies de la pierre, par ses oreillons, que
« je distinguai parfaitement. C'est une bombe prussienne
« qui, après avoir percé le toit de l'église, les charpen-
« tes et les massifs de maçonnerie, s'est arrêtée ainsi,
« comme par miracle, au moment de tomber sur le
« pavé. Depuis vingt-cinq ans, elle est restée là, comme
« Dieu l'y a accrochée. Autour de la bombe, on voit,
« pêle-mêle, des briques brisées, des moellons, des
« plâtras, les entrailles de la voûte. Cette bombe et
« cette plaie béante au-dessus de la tête des passants
« forment un étrange effet. L'effet est plus singulier
« encore par tous les rapprochements qui viennent à
« l'esprit, quand on songe que c'est précisément sur
« Mézières que furent jetées, en 1521, les premières
« bombes dont la guerre se soit servie (1). »

(1) Victor Hugo, — *Le Rhin*.

GUISE

Après la prise de Laon, le Ministre de la guerre, jugeant la défense de Guise (1) impossible, donna (10 septembre 1870) l'ordre d'évacuer cette petite place qui était cependant l'une des forteresses destinées à protéger les vallées principales et les voies ferrées de la région nord de la France. La garnison, ainsi que le matériel et les munitions, furent dirigés sur Péronne.

Guise, la capitale industrielle de la contrée, occupe une agréable situation sur la rive gauche de l'Oise. Son donjon élevé et aux murs épais présente un aspect sévère et imposant. Le château renferme de beaux souterrains et un puits creusé dans le roc jusqu'au niveau de la rivière. L'église a des voûtes remarquables, des autels très décorés. Autrefois capitale de la Thiérache (province dépendant de l'ancienne Picardie), Guise était érigée en duché par

(1) Chef-lieu de canton (Aisne), sur l'Oise, 5.700 hab.

François Ier (1528), en faveur de Claude de Lorraine, chef de la célèbre maison de Guise, ces princes « qui, dit Montesquieu, furent extrêmes dans le bien « et dans le mal qu'ils firent à l'Etat. » La ville, toutefois, à cette époque, resta sous l'obéissance royale, bien qu'entre les mains des princes lorrains.

Fondée au ixe siècle, cette petite ville n'eut guère de rôle véritablement historique qu'au onzième. Son enceinte flanquée de tours et son château (qui date de 1549) situé au sommet d'une colline dominant la cité, ont été témoins de bien des vicissitudes et de bien des contestations. Son donjon, rasé en 1177 par le comte de Flandre et de Hainaut, fut reconstruit peu de temps après par Jehanne de Hainaut qui le défendit avec intrépidité, en 1339, contre le comte de Soissons, son père, ligué avec les Anglais. Ceux-ci prirent la ville en 1423, mais elle leur fut enlevée en 1426.

Plus tard, le comte de Nassau s'empara du château fort (1536). Cent ans après, le prince Thomas de Savoie se présenta devant la place, alors défendue par le maréchal de Guébriant. Les Espagnols virent leur attaque vaillamment repoussée ; manquant de vivres, ils levèrent le siège. Une médaille fut frappée en mémoire de ce succès, et, pour honorer le courage des bourgeois, le maire et deux officiers municipaux reçurent des titres de noblesse. En 1704, le duché passa à la maison de Condé.

Guise était autrefois célèbre par ses archers, qu'on disait les plus adroits tireurs de toute la Picardie. La *Compagnie de l'Arc* (établie en 1510) jouissait d'un grand renom dans la contrée. Celui qui abattait l'oiseau prenait le titre de *roi de la compagnie,* et portait, comme marque de sa dignité, une médaille sur laquelle on lisait cette inscription : « *Donnée par S. A. G. Mgr le prince de Condé, duc de Guise.* » L'archer assez habile pour remporter la victoire trois années de suite était proclamé *empereur des rois de la province,* et exempt de contributions tout le temps que durait son empire.

* * *

Le 3 janvier 1871, des dragons et des lanciers allemands du 12e corps se présentèrent à Guise, en haut du faubourg Saint-Quentin ; depuis le 10 septembre 1870, les troupes françaises n'avaient fait que de courtes apparitions dans la ville. Ces cavaliers, escortés du maire, furent conduits au familistère. Plusieurs ouvriers de l'usine, indignés de leur attitude arrogante, se jetèrent sur eux pour les faire prisonniers ; mais ils parvinrent à s'esquiver, sauf un qui fut désarçonné et demeura entre nos mains. Ce pauvre diable, persuadé, d'après les journaux allemands, que les Français ne faisaient pas de prisonniers, demandait avec instance à être fusillé sur-le-champ : « Je vous « en prie, disait-il, ne me mettez pas en pièces dans la « rue, au milieu de tout ce monde ; fusillez-moi dans « cette cour et ne me faites pas souffrir ! » Lorsqu'on fut parvenu à lui faire comprendre qu'il ne courait aucun danger et allait être conduit dans le Nord en qualité de prisonnier de guerre, il ne savait comment exprimer sa joie et ses remerciements à cette foule qu'il redoutait si fort quelques instants auparavant.

Ses camarades, en s'enfuyant, avaient annoncé qu'ils reviendraient pour se venger. Ils tinrent parole.

Le lendemain, une colonne de 2.000 hommes d'infanterie et de cavalerie, avec un certain nombre de canons, commandée par le général saxon *de Lippe*, arrivait à Guise qu'elle aborda de plusieurs côtés. Il était environ onze heures du matin. L'avant-garde de l'armée allemande fut accueillie par une vive fusillade de la part de deux compagnies de mobiles du Nord, arrivées à Guise durant la nuit, et qui s'étaient portées à la rencontre des Prussiens auxquels elles tuèrent sept hommes.

Une demi-heure après, les obus pleuvaient sur le haut de la ville ; heureusement, la plupart s'enfonçaient dans la boue, et les dégâts furent peu considérables ; pendant ce bombardement d'une heure, la plupart des mobiles purent se sauver. Les uhlans essayèrent bien de les poursuivre, mais la rencontre d'une petite troupe bien armée les força à rebrousser chemin. Vingt-huit hommes et deux officiers français furent faits prisonniers. Dès le lendemain, on les dirigea sur Stettin en Poméranie.

Vers deux heures, le même jour, les éclaireurs saxons entrèrent dans la ville, dont le maire, M. *Godin*, fut mandé par le chef de corps. Le défilé des troupes allemandes, cuirassiers, lanciers, artilleurs et chasseurs, parut interminable.

Le soir, M. Godin, pour on ne sait quel motif, était incarcéré et retenu prisonnier pendant plus de seize heures ; une perquisition aussi minutieuse qu'humiliante eut lieu sans résultat aucun, dans le vaste établissement qu'il dirigeait (le familistère) ; les armes, en effet, avaient été expédiées sur les places du Nord. Ne savait-on pas que les forces considérables de l'ennemi rendaient toute résistance inutile ? M. Godin recouvra sa liberté, mais après avoir payé, pour sa rançon, une somme de dix mille francs.

Voici les considérants de l'arrêté que prit en cette circonstance le général saxon : « Attendu que les « habitants de Guise ont capturé un soldat allemand, « pour cette bêtise (*sic*), la ville payera une amende « de dix mille francs. »

Tant que dura l'occupation, Guise se vit en butte aux menaces de l'ennemi. Un jour, vingt-cinq cuirassiers vinrent imposer le canton à 509.875 francs, soit 25 francs par habitant et 100 francs par cheval de luxe. La Commission municipale ayant refusé de payer, MM. *Delorme, Devillers* et *Azambre* furent emmenés comme otages. La population des villages environnants était également écrasée sous le poids intolérable des exigences et des réquisitions allemandes.

Le Conseil d'enquête, appelé à statuer sur les capitulations des places françaises, déclara qu'il n'y avait pas lieu d'exprimer un avis sur la perte de la place de Guise.

Nous avons, plusieurs fois, au cours de ce récit, prononcé le mot de *familistère* ; disons, en terminant, quelques mots d'une institution éminemment philanthropique, due à l'intelligente initiative de M. *Godin*, directeur de cette importante usine où se fabriquent des poëles et des fourneaux émaillés de diverses sortes. L'usine occupe une superficie de treize hectares environ, et emploie de seize à dix huit cents ouvriers.

Le familistère, fondé en 1860, se trouve non loin de l'usine, sur le versant d'une petite montagne qui domine la ville. Ce vaste établissement comprend douze cents portes et fenêtres sujettes à l'impôt ; on a calculé que, si tous les habitants (2/3 environ des ouvriers de l'usine) étaient logés dans des maisons indépendantes, celles-ci occuperaient une étendue de plus de deux kilomètres. Les ouvriers qui n'habitent pas le familistère peuvent cependant s'y procurer tous les objets de consommation nécessaires à un ménage. Des écoles de trois degrés pour les deux sexes ; une nourricerie et une vacherie pour les jeunes enfants ; des buanderies, des lavoirs alimentés par les eaux de condensation des machines à vapeur sont annexés à cet établissement modèle, le seul de ce genre qui existe en France.

On y a, en outre, réuni toutes les distractions que peuvent désirer les travailleurs pour les jours de dimanches et de fêtes. Un jardin magnifique planté d'arbres à fruits et d'arbustes, dominant la riante vallée de l'Oise, offre un agréable lieu de promenade aux familles des employés et des ouvriers ; une bibliothèque est ouverte à la partie studieuse de la population.

ROCROI

Le 5 janvier 1871, le général *Schuler de Senden*
reçut l'ordre d'examiner s'il lui serait possible de
s'emparer par surprise de Rocroi (1), petite place, il est
vrai, mais importante au point de vue stratégique, et
comme point d'appui pour les corps francs disséminés
dans la région.

Cette ville, bâtie au centre d'un plateau d'une altitude de près de 400 mètres, d'où l'on domine la campagne environnante, est entourée de tous côtés par la
forêt des Ardennes et de vastes marais désignés dans
le pays sous le nom de *rièzes,* sorte de landes très
humides, entrecoupées de broussailles et de petits
buis. La température y est fort rigoureuse, et le sol
très froid.

Rocroi n'était encore qu'un hameau au XVIe siècle ;
il devint une ville sous Henri II. Ses fortifications,

(1) Chef-lieu d'arrondissement (Ardennes) ; 5.300 habitants.

commencées par François Ier en 1537, ne furent ache-
vées que sous Louis XIII. Les protestants et les catholiques le prirent et reprirent plusieurs fois, au cours
des guerres de religion.

Pendant la minorité de Louis XIV, les Espagnols,
commandés par le comte *de Fuentès,* vinrent investir
Rocroi (19 mai 1743). Le grand Condé, alors duc
d'Enghien, était à la tête de l'armée française ; c'était
un jeune homme de vingt-deux ans ; mais il avait déjà
fait trois rudes campagnes, et, dès cette époque, il
annonçait ce qu'il devait être un jour. Le maréchal *de
Gassionne* ne voulait pas qu'on livrât bataille, prétex-
tant notre infériorité numérique. « Que deviendrons-
« nous, si nous la perdons ? » disait-il. — « Je ne m'én
« mets pas en peine, répliqua le duc d'Enghien, car je
« serai mort auparavant. » Le combat s'engagea. Le
comte *de Fuentès,* vieillard de quatre-vingt-deux ans,
paralysé par la goutte, se faisait porter de rang en
rang, sur une chaise, afin d'animer ses soldats (1).
La lutte fut acharnée ; les vieilles bandes espagnoles,
glorieuse infanterie à la réputation légendaire, qui
avaient porté si haut leur drapeau national, durent
céder devant l'impétuosité des Français. 8.000 morts
et 7.000 prisonniers, du côté de l'ennemi, attestèrent
la violence inouïe de cette bataille sanglante qui porta
un coup mortel à la puissance militaire de l'Espagne,
dont la décadence date réellement de cette époque. Le
général *de Fuentès* fut tué pendant l'action. « Je vou-

____

(1) On a conservé longtemps cette chaise à Rocroi.

« drais être mort comme lui », dit Condé en apprenant la nouvelle. Un des chefs de notre armée ayant demandé à un officier espagnol combien ils étaient avant la bataille : « Il n'y a, répondit-il avec toute la fierté « castillane, qu'à compter les morts et les prisonniers. » Parmi les Français tués à cette affaire, figurait un notaire du nom de *Lemoine,* qui commandait les bourgeois prenant part à la défense.

Cette fameuse journée inaugura la gloire militaire de la France et celle de Condé : depuis cent ans, nos troupes n'avaient pas remporté un aussi éclatant triomphe. Le jeune vainqueur se fit remarquer par sa clémence ; après la victoire, il calma le courage impétueux de ses soldats, et, dit Bossuet, « il joignit au plaisir de vaincre celui de pardonner. »

Dix ans plus tard, le prince de Condé, allié de l'Espagne, conduisait ces mêmes Espagnols qu'il avait vaincus, et enlevait Rocroi à la France (13 septembre 1653). Cette place ne nous fut rendue qu'à la paix des Pyrénées (1659).

*
* *

En 1870, les instructions du quartier-général allemand ne laissant le loisir ni de procéder à une attaque régulière, ni de faire venir des pièces de siège, l'ennemi voulut tenter une surprise. Afin de mieux tromper la garnison, les Prussiens répandirent le bruit qu'ils marchaient sur Givet. La ruse eut un plein succès ; la place était déjà cernée, le 5 janvier, que ses défenseurs ne se croyaient même pas menacés.

A ce moment, la garnison était réduite à 200 mobiles, 100 artilleurs et 50 gardes nationaux sédentaires. Un capitaine d'artillerie et un garde, un capitaine, un garde du génie et deux sapeurs se trouvaient également dans Rocroi, qui, en fait d'artillerie, ne possédait que de vieux canons, dont quatre seulement à longue portée.

La garnison et la population civile furent très émues, lorsqu'un parlementaire se présenta, à huit heures et demie du matin, pour sommer la place de se rendre. Celle-ci, néanmoins, refusa.

A onze heures, les batteries de campagne ouvraient le feu. Au premier obus, une partie des artilleurs et des mobiles lâchèrent pied ; quelques-uns, toutefois, firent bravement leur devoir. Avec leurs quatre pièces, ne voyant pas les canons de l'ennemi, ils tirèrent plus de 300 coups à peu près inutilement ; une batterie allemande recula cependant. Le bombardement dura cinq heures et demie, causant de sérieux dommages ; des maisons furent détruites par l'incendie ; un magasin à poudre donna de l'inquiétude : on craignait de le voir sauter.

Persuadé que son entreprise ne pouvait réussir, et manquant, d'ailleurs, paraît-il, de munitions, le général prussien donna ordre de battre en retraite. Mais, avant le départ, il dépêcha un second parlementaire, le lieutenant *de Foerster,* pour amener le gouverneur à capituler, le menaçant, en cas de refus, d'un bombardement immédiat et plus énergique.

La capitulation, cette fois, fut acceptée et conclue, et Rocroi occupé le soir même. « La majeure partie « de la colonne expéditionnaire, dit le capitaine du « génie allemand *Goetze,* avait déjà commencé son « mouvement de retraite ; et ce fut l'arrière-garde qui « occupa la place à neuf heures du soir. 72 pièces, un « *drapeau,* 300 prisonniers, dont 8 officiers, et une « grande quantité de poudre furent le prix d'un succès « qui ne nous coûta aucune perte, mais qu'il fallait « acheter par des fatigues excessives. »

Les Allemands eurent seulement un homme blessé.

Le bataillon des fusiliers du 74ᵉ resta provisoirement affecté à l'occupation de la place ; il fut relevé par un bataillon de landwehr du gouvernement général de Reims (8 janvier 1871).

PÉRONNE

La sœur de Charles-Quint. — La devise de Péronne. — 1536-1870. — Les combats d'autrefois et ceux d'aujourd'hui. — Le Prince royal de Prusse. — Hommage au courage malheureux. — Le Mont du Cygne. — Sainte Radegonde. — Erchinoald. — Saint Fursy. — Les Normands. — Héribert et Charles le Simple. — Mort d'Héribert. — La commune de Péronne. — Traité d'Arras. — Louis XI à Péronne. — Les corbeaux de Paris. — Péronne passe dans le domaine des rois de France. — Siège de 1536. — Courage des habitants. — Marie Fouré. — Jean de Haizecourt. — 1815. — Wellington.

En 1536, la sœur de Charles-Quint, gouvernante des Pays-Bas, demandait au comte de Nassau comment il n'avait pu prendre un pigeonnier comme Péronne : « Madame, répondit le comte, c'est que dans ce pigeonnier il y a des aigles ! »

En relisant l'histoire de cette ville héroïque qui put inscrire sur son blason cette fière devise :

Urbs nescia vinci !

notre pensée évoquait ces deux dates fatidiques 1536-1870, qui, pour la postérité, caractérisent deux époques capitales dans l'histoire de Péronne.

En 1536, Péronne était moins fortifiée qu'elle ne l'était en 1870, mais l'artillerie n'avait pas atteint cette perfection dont la Prusse semblait déjà vouloir nous écraser dès l'Exposition de 1867. A cette époque, dans les combats, la valeur de l'homme comptait ; on payait de sa personne, et l'assaut, avec ses mille dangers, était le couronnement obligé de tout siège régulier. Les ennemis d'alors se présentaient face à face, et l'adversaire franc et loyal ne voulait avoir affaire qu'aux hommes de cœur qu'il combattait ; il eût rougi d'attaquer des femmes et des enfants.

En 1870, les Allemands ont autrement procédé ; de loin, ils ont bombardé, dévasté, anéanti, brûlé celles de nos cités qui leur ont opposé de la résistance : que ce fût une place forte ou une ville ouverte, ils ont toujours agi de la sorte ; et alors, au milieu des ruines, sur des centaines de cadavres que dévorait encore le feu allumé par leurs bombes incendiaires, ils entraient en triomphateurs.

S'en prendre au faible et à l'impuissant, telle fut la tactique de ces preux que les chevaliers d'autrefois renieraient sans nul doute, s'ils pouvaient soulever la pierre funèbre qui recouvre leur cendre !

« Vous faites une guerre non contre la France, « mais contre la civilisation ! » disait un jour à de Moltke le Prince royal de Prusse à la vue des pillages et des incendies que l'armée allemande, par ordre de ses chefs, semait sur le territoire français.

Ce prince, soldat comme tous ses ancêtres, savait du moins apprécier la valeur des ennemis qu'il combattait. Au soir de la bataille de Reischoffen, comme les prisonniers français défilaient près de lui, il se découvrit en adressant ces paroles à son état-major :

« Saluez le courage, messieurs ! Je n'ai de ma vie rien
« vu d'aussi brave que ces soldats que la fortune a
« trahis. »

De tels actes honorent tout à la fois et leurs auteurs
et ceux dont la noble conduite les a provoqués.

Mais, poursuivons notre récit.

L'ancien château de Péronne apparaît dès les premiers temps de la monarchie. Il fut construit sur le
versant d'une colline appelée le *Mont des Cygnes*,
parce qu'elle servait de retraite à ces oiseaux qui
couvraient jadis la Somme et les marais formés par
ses eaux autour de la ville.

Sainte Radegonde, femme de Clotaire Ier, y séjourna
lorsqu'elle se rendit à Noyon pour y recevoir le voile
des mains de saint Médard ; sa mémoire est restée en
vénération. Un village des environs de la ville porte
son nom.

Vers 640, Clovis II donna en toute propriété le
château de Péronne à Erchinoald, maire du palais de
Neustrie. Erchinoald peut donc être considéré comme
le premier châtelain de ce domaine déjà important
par sa position, ses dépendances, et surtout par la
fertilité de son sol.

Peu de temps après, Erchinoald en fit don lui-
même à saint Fursy, d'origine irlandaise (1), et qui
jouissait d'une grande réputation de sainteté. Celui-ci
bâtit une église sur l'emplacement d'une petite chapelle
jadis consacrée aux apôtres saint Pierre et saint Paul.

____

(1) Fursy signifie « genét des bruyères. »

Après sa mort (650), son corps y fut déposé.

Le tombeau du Saint devint le but d'un pèlerinage très fréquenté ; une nombreuse population ne tarda pas à se grouper autour de l'ancien château et du monastère construit près de l'église.

Péronne était déjà une importante bourgade, lorsqu'en 881 les Normands, remontant la Somme, la saccagèrent. Elle se releva promptement de ses ruines et prit bientôt un nouvel accroissement.

A la fin du IXᵉ siècle, elle devint un apanage du comte de Vermandois, et ses premiers seigneurs portèrent le titre de comtes de Péronne.

En 923, Héribert le Grand attira à Péronne le roi Charles le Simple qui se laissa prendre aux protestations de fidélité et de dévouement du rusé comte de Vermandois.

Retenu prisonnier pendant six années, Charles le Simple mourut à Péronne où on l'ensevelit dans l'église Saint-Fursy. Plus tard, Héribert fut dépossédé de tous ses domaines par le roi Raoul et Hugues le Blanc. Il se réfugia dans le château de Péronne. Gilbert de Lorraine vint l'y assiéger ; mais, après avoir perdu beaucoup de monde, celui-ci se vit obligé de lever le siège.

Héribert prit également les armes contre le roi Louis IV d'Outremer avec lequel il se réconcilia plus tard.

La mort du fameux comte de Vermandois a été l'objet de plusieurs versions contradictoires. D'après les uns, Héribert mourut tranquillement au milieu des siens. D'autres, d'accord en cela avec les traditions locales, entourent sa fin de circonstances particulièrement dramatiques.

D'après ces derniers, un jour que le comte était à table avec le roi, à Laon, la conversation s'engagea sur les troubles de l'époque. Louis IV demanda à son interlocuteur quel supplice mériterait le sujet perfide qui se révolterait contre son souverain : « La hart ! » répondit sur-le-champ Héribert. — « Eh bien, « tu as prononcé toi-même ta sentence », dit le roi. Et à l'instant, il fit saisir le comte, et on le conduisit sur la montagne où déjà un gibet était dressé.

Héribert, ajoute la tradition, entendit cet arrêt avec sang-froid et l'exécuta lui-même. Sans se laisser approcher par les bourreaux, il se mit la corde au cou, et, piquant son cheval, il resta suspendu, recevant ainsi le juste châtiment de son ambition et de sa cruauté.

En 1071, le château de Péronne fut réuni au domaine de Picardie ; et, sous Philippe-Auguste, il passa à la couronne de France (1183).

Au XIIe siècle, Péronne était déjà entourée de murs et de tours ; une charte de commune lui fut octroyée en 1207 par décret royal.

Le traité d'Arras (1435) fit passer la petite cité, ainsi d'ailleurs que tout le Vermandois, au pouvoir du duc de Bourgogne, mais avec faculté de rachat par le roi de France.

Louis XI ayant usé de cette latitude (1463), le comte de Charolais (1), mécontent, arma contre le roi, et

---

(1) Fils du duc de Bourgogne.

forma la fameuse Ligue, dont le *Bien public* fut le prétexte.

Le 3 octobre 1465, Péronne, surprise pendant la nuit, ouvrit ses portes aux troupes bourguignonnes. Deux jours plus tard, le traité de Conflans contraignait Louis XI à abandonner les villes de la Somme à son compétiteur.

Cependant le roi de France voulut renouveler ses prétentions (1467), et le duc de Bourgogne s'y opposa de nouveau. Louis XI vint alors à Péronne, espérant ainsi régler plus facilement cette question qui paraissait devoir s'éterniser.

Il arriva le 24 août 1468, accompagné seulement de quelques seigneurs, de sa garde écossaise et d'une faible escorte de cavaliers. Charles le Téméraire le logea dans le vieux château. Pendant les négociations, survint la révolte des Liégeois, excités par les agents royaux. Pour sauvegarder sa liberté menacée par le duc furieux d'une telle félonie, Louis XI dut prendre part à la répression de la ville de Liège ; à cette condition seulement il obtint la signature de la paix.

Les Parisiens, toujours disposés à rire, s'égayèrent fort de l'aventure. Ils avaient alors la manie d'élever des geais, des pies et des corbeaux auxquels ils apprenaient à crier : « Vive le Roi ! » lorsqu'ils étaient contents du gouvernement. Mais, comme ils n'aimaient pas Louis XI, ils habituèrent leurs oiseaux à répéter : « Péronne ! Péronne ! » Le Roi, que cette manifestation irritait, fit saisir les malheureux volatiles, coupables de lèse-majesté.

En 1477, Louis XI profita de la mort de Charles le Téméraire pour s'emparer de Péronne, en qualité de suzerain et de tuteur de sa vassale mineure, la princesse Marie, fille du duc.

Péronne fut incorporée par le traité de Madrid et de Cambrai (1519) aux domaines des rois de France auxquels elle ne ménagea point par la suite les preuves de fidélité et de dévouement.

Vers cette époque eut lieu le siège mémorable de 1536 ; les habitants y déployèrent un courage qui donne la plus haute idée de leur caractère. Pendant que Charles-Quint menaçait la Provence, son lieutenant, le comte de Nassau, se présentait devant Péronne, clef du royaume du côté des Pays-Bas. Le 16 août, l'ennemi vint établir ses quartiers devant la ville.

Après trois jours d'un bombardement ininterrompu, il parvint à ouvrir deux brèches. Les habitants profitèrent de la nuit pour réparer le mal. Aidés des femmes, ils apportèrent des matelas, des meubles, des fagots, et fermèrent ces brèches. L'ennemi, néanmoins, tenta un assaut ; mais il fut contraint de se retirer, laissant plus de quinze cents morts dans les fossés.

Pendant l'assaut, une femme du peuple, *Marie Fouré*, se trouvait sur un point des remparts où les Impériaux faisaient irruption par une petite brèche abandonnée. Apercevant un porte-enseigne qui se préparait à passer, elle alla droit à lui, et, comme pour l'aider à monter, lui demanda son étendard. Mais elle ne l'eut pas plus tôt reçu, qu'elle lui en brisa la tête et le précipita dans le fossé. Aussitôt, l'enseigne à la main, elle cria : « Victoire ! » et ranima ainsi le courage des assiégés.

Cet exemple héroïque ne fut pas le seul que donnèrent alors les femmes de la ville, dont la bravoure ne contribua pas moins que celle des hommes à la délivrance de Péronne.

Cependant la place se trouvait à toute extrémité ; elle manquait de poudre et de vivres. Lamark en fit demander au duc de Guise, alors à Ham. Un simple soldat, *Jean de Haizecourt,* se chargea de cette mission qui demandait autant d'audace que de courage. Traversant la Somme à la nage sous le feu des assiégeants, il parvint, sans être aperçu, à porter le message au duc de Guise. Des renforts furent accordés, et Haizecourt réussit à les faire entrer après une marche périlleuse à travers les marais, et de nombreux détours que la présence de l'ennemi rendait indispensables.

Au même moment, le duc de Guise, placé plus haut, faisait sonner la charge par tous les tambours et toutes les trompettes pour simuler l'arrivée d'une armée de secours. Grâce à ce stratagème, les renforts entrèrent dans la place, sans être aperçus par les Impériaux. Le comte de Nassau n'eut connaissance de la ruse qu'au point du jour. Il fit alors sauter la vieille tour du château ; puis, pendant quarante-huit heures, sa grosse artillerie lança de nombreux projectiles, dirigés surtout sur le beffroi. Puis, voyant ses efforts inutiles, l'ennemi décampa la nuit suivante.

Le 11 septembre, au lever du soleil, les habitants

de Péronne apprirent son départ. La ville était libre enfin, après avoir supporté un blocus de trente-deux jours et soutenu trois assauts. Les assiégeants eux-mêmes ne purent s'empêcher de rendre hommage à la valeur des citoyens qui avaient défendu avec tant d'héroïsme l'honneur de leur cité. On célébra longtemps l'anniversaire de cette journée mémorable.

Le seigneur *d'Estourmel,* descendant du chevalier picard qui, le premier, avait planté la bannière française sur les murs de Jérusalem, était alors gouverneur de la ville. Il mérite que son nom soit conservé à la postérité. Renfermé dans la place, où il avait fait transporter tous les blés de son domaine et ceux de ses voisins, il avança de sa bourse la paye de la garnison, et anima, par sa présence, le courage des habitants qui résolurent de s'ensevelir sous les ruines de leur ville, plutôt que de se rendre.

Pendant les guerres de religion, Péronne *la dévote* (1) repoussa avec énergie les protestants et les chefs huguenots qui tentèrent de s'en emparer, et ne reconnut Henri IV qu'après son abjuration (1594).

En 1654, défendue par Turenne, elle fut réduite en cendres par le prince de Condé.

Péronne n'a rien ensuite de saillant dans son histoire jusqu'en 1815. Après le désastre de Waterloo, elle fut, avec Ham, la seule ville qui osa s'opposer à la marche

---

(1) On pouvait justement lui donner ce nom ; car, si peu nombreuse que fût sa population, elle n'avait pas moins de cinq églises paroissiales, trois couvents d'hommes et quatre de femmes.

des Alliés, et dont le canon essaya de protéger la capitale menacée par l'armée anglaise.

Au moment où des hauteurs du Mont Saint-Quentin Wellington examinait les abords de la place, un boulet, parti des remparts, vint tomber à ses pieds et le couvrit de terre. Quelques bombes furent lancées sur la ville qui dut bientôt capituler, à condition que la garnison serait licenciée.

Tel est le passé glorieux de Péronne, que ses habitants, avant la guerre de 1870-1871, appelaient avec orgueil « *la Pucelle.* »

II

Situation de la ville. — Ses fortifications. — Le château. — La garnison. — Le commandant Garnier. — L'armement. — Munitions et vivres. — Le commandant Peyre. — Etat de siège. — La garde nationale. — M. Gonnet. — Proclamation aux habitants. — Opinions diverses. — Les uhlans. — Les officiers allemands. — Equipée de Karcher. — Le sous-préfet Blondin. — Appel aux habitants. — Le capitaine Johanne. — Prise d'une escorte allemande. — Un parlementaire. — Le général Von Goeben. — Reconnaissances. — Les francs-tireurs du marquis de Lameth. — Un village brûlé. — M. Basset. — Charles Pottier. — Le lieutenant Grosshoff. — L'affaire de Cléry. — Assassinat de M. Legrand. — Le général Manteuffel. — Le capitaine Morris. — Réponse du commandant Garnier.

Péronne, située, comme nous l'avons dit, au milieu d'une plaine onduleuse, est baignée par la Somme, qui l'entoure de tous côtés. Autour d'elle, de nombreux villages, à l'aspect riche et florissant, prouvent la fertilité de la terre et l'aisance des habitants. Sauf quelques parties basses et marécageuses, les environs sont fort bien cultivés ; quelques bosquets de bois semés çà et là rompent la monotonie du paysage. Des routes et des chemins parfaitement entretenus relient entre eux les gros bourgs qui entourent la ville.

Les fortifications de Péronne ont été souvent modifiées au cours des siècles. Elles représentent un quadrilatère d'une longueur de 2.300 mètres sur 800 de large ; la superficie intérieure de la ville n'est que de 25 hectares.

La partie la plus ancienne des fortifications est le *Château* qui, tout d'abord détaché de la ville, servit plus tard de citadelle, et fut compris dans l'enceinte de la place.

Cinq bastions défendent Péronne au nord-ouest, au nord-est et au sud ; l'autre partie est protégée par des ouvrages avancés, entourés de fossés larges et profonds. En outre, on peut, au moyen d'écluses, submerger les terrains bas du voisinage. Malheureusement, la ville est dominée par des hauteurs d'une centaine de mètres d'élévation, situées à des distances variant de mille à deux mille mètres.

Le chiffre de la garnison était, en 1870, de 3.700 hommes, y compris le dépôt du 43e de ligne, des fusiliers marins, et les mobiles de la Somme. C'eût été peut-être suffisant, si cette garnison eût été formée de soldats ; mais elle ne comptait guère que des mobiles et des mobilisés mal armés, inexpérimentés, et, en général, peu disciplinés.

Les soldats de la marine, tous hommes exercés, furent exclusivement chargés du service des pièces, et s'acquittèrent de ce devoir avec la plus grande valeur et le plus remarquable sang-froid. 600 gardes nationaux sédentaires, de leur côté, se rendirent utiles comme pompiers et sentinelles.

La place était commandée par le major Garnier, ancien chef de bataillon du génie, chevalier de la Légion d'honneur, médaillé de Crimée, décoré du Medjidié, et dont le nom avait été glorieusement cité dans les annales de la guerre d'Orient. Il avait sous ses ordres M. *Gontran Gonnet,* lieutenant-colonel des mobilisés, les majors *de Bonnault* et *Pape,* dont l'un commandait l'artillerie, et l'autre le génie.

L'armement complet de Péronne eût dû être de 88 bouches à feu ; il n'y en avait effectivement que 49, dont 45 en batterie ; et, encore, 13 seulement pouvaient être utilisées. Ces pièces rayées de 12 et de 30 étaient disséminées sur tout le pourtour de la place ; les affûts manquaient presque complètement.

Les munitions faisaient défaut ; il ne se trouvait dans les magasins de l'artillerie qu'environ 40.000 kilogr. de poudre à canon, 20.000 projectiles pleins ou creux, et 750.000 cartouches pour fusils de types divers.

Les vivres pour la garnison et pour la population civile étaient assurés pour une quarantaine de jours.

Sous l'impulsion du commandant *Peyre,* officier actif et d'une grande énergie, les travaux de mise en état de défense furent promptement exécutés, et les efforts réunis de l'artillerie et du génie eurent bientôt mis la place en mesure de résister à un siège.

Le 9 août, Péronne, comme toutes les places des zones frontières, avait été déclarée en état de siège.

. M. *Gontran Gonnet* fut élu chef de bataillon commandant la garde nationale sédentaire, par la presque unanimité de ses compatriotes. Cette nomination pouvait être considérée comme un témoignage de sympathie, et une preuve que Péronne n'avait pas oublié la conduite énergique de ce courageux citoyen lors des journées de juin 1848.

Les paroles chaleureuses de cet homme de cœur relevèrent les courages un moment abattus par les revers qui accablaient notre patrie.

Cependant, les opinions étaient encore très partagées : les uns, frappés de l'impuissance des forteresses qui, jusque-là, avaient ouvert leurs portes à l'ennemi, auraient voulu s'opposer à toute résistance ; les autres, partisans d'une défense aussi complète que possible, désiraient, tout au moins, sauver l'honneur de la cité ; un petit nombre, enfin, prônait la résistance à outrance, la défense jusqu'à la dernière pierre.

Tel était l'état d'esprit de la population, quand, le 25 novembre, quelques uhlans s'aventurèrent jusque dans les faubourgs. Le 26, pareille démonstration de l'ennemi. Les Allemands s'approchaient de Péronne ; ils escomptaient déjà la prise de cette ville et la considéraient comme un jeu d'enfant. Un officier de l'état-major de von Goeben aurait même tenu ce propos : « Nous allons cueillir Péronne ; au premier coup de « canon, à la première menace, la reddition de la « place est certaine. »

Dans cette conviction, un officier prussien voulut se donner le plaisir de mystifier les habitants de Péronne. Le 30 novembre, un lieutenant de cavalerie, nommé *Karcher,* après avoir déjeuné à Doingt (1), se présente à la porte de Bretagne, accompagné d'un trompette, l'un et l'autre absolument ivres, et agite, en guise de drapeau, une serviette de table. Reçu comme parlementaire, et les yeux bandés, il traversa la ville qui fut bientôt en émoi. Le Conseil de défense se réunit en toute hâte, et, après maints pourparlers, fit reconduire le pseudo-parlementaire avec le cérémonial accoutumé. Une arrestation eût mieux valu, pour châtier l'insolence de cet ivrogne.

Le 1er décembre, M. *Albert Blondin,* alors sous-préfet de Péronne, fit un appel des plus chaleureux aux habitants. Citons quelques passages de cette patriotique proclamation :

« Le drapeau national flotte toujours sur la citadelle, « non pas le drapeau de Sedan, mais bien celui de « Bitche et de Phalsbourg ! Il ralliera autour de ses « plis, que la victoire se lasse de déserter, nos jeunes « soldats de Demuin, de Boves et de Gentelles.

... « Que chacun de nous se recueille, et qu'il dise « s'il ne sent pas passer dans l'air un souffle de déli- « vrance.

« Péronne, *l'invaincue,* qui vient aujourd'hui de « subir l'affront d'une démonstration fanfaronne ! « Péronne, confiante dans ses propres forces, *se*

____

(1) Bourg du canton de Péronne.

« *sentant d'ailleurs appuyée par les troupes qui la*
« *relient aux places voisines,* Péronne se prépare,
« dans le calme, à repousser, s'il vient à portée de
« ses canons, l'envahisseur qui voudrait infliger une
« souillure à son écusson. »

Un nouveau parlementaire se présenta le 4 décembre, vers onze heures et demie du matin. On conduisit le capitaine allemand Johanne, suivi d'un enseigne et d'un trompette, auprès du commandant de place avec lequel il eut un long entretien. Pendant ce temps, son escorte, assez nombreuse, et où se trouvait un officier du génie, relevait la situation de la forteresse.

Mais, cette fois, la ruse fut éventée : on retint prisonniers le parlementaire et ses deux compagnons. Lorsqu'on vint annoncer au trompette, gardé à vue à l'une des portes, qu'il était lui aussi prisonnier :

— « Moi, prisonnier ! bien content ! »

Et il ajoutait avec un air inquiet :

— « Mais, moi, pas capout ! »

Voyant que leur chef ne revenait pas, les cavaliers de l'escorte (des uhlans) mirent pied à terre en face d'une petite maison isolée qu'habitait un tailleur du nom de Delaine. Les soldats burent, mangèrent, en attendant le *parlementaire,* et les officiers se firent préparer une soupe à l'oignon. Six hommes de la garnison purent, pendant ce temps, sortir de la ville, et arriver, sans être vus, en face des uhlans (au nombre de quatre-vingt-cinq), sur lesquels ils dirigèrent un feu des plus vifs. Les Allemands s'enfuirent dans toutes les directions, abandonnant leurs chevaux, leurs armes et jusqu'à la voiture de leur cantinière. Cette prise fut ramenée en lieu sûr, et la population accueillit nos braves soldats avec enthousiasme.

Quelques jours après, un troisième parlementaire, muni d'un pli du général prussien qui commandait Amiens, vint réclamer les prisonniers. Par prudence, il n'entra pas en ville et attendit au dehors la réponse du commandant de place. On refusa d'accéder à sa demande ; les prisonniers furent envoyés à Lille.

Pendant que la première armée allemande occupait Rouen, le général comte von Goeben, avec la troisième division de cavalerie et la troisième brigade d'infanterie, observait Péronne et les mouvements de troupes qui s'opéraient à l'abri de cette forteresse. L'ennemi faisait, en effet, des préparatifs pour l'assiéger : il occupait déjà les villages environnants.

Le commandant Garnier ordonna diverses reconnaissances qui causèrent beaucoup de mal aux Allemands. Ceux-ci s'en vengèrent en pillant les villages où ils subissaient un échec, rendant, comme toujours, les innocents solidaires des pertes que leur faisaient éprouver l'armée ou les corps francs. C'est ainsi qu'ils brûlèrent presque en entier le village de *Foucaucourt*, où la compagnie des francs-tireurs du marquis *de Lameth* leur avait tué ou blessé 62 hommes (11 décembre 1870). Furieux de cette attaque, les Prussiens fouillèrent les maisons en forçant les femmes à leur donner des allumettes pour y mettre le feu. Puis ils défendirent sous peine de mort d'éteindre les incendies.

Leur cruauté dépassa toutes les bornes. Un vieillard, M. *Basset,* depuis longtemps malade, fut cloué par eux sur son fauteuil à coups de baïonnette. Un jeune homme de dix-sept ans, *Charles Pottier,* qui travaillait dans un moulin voisin du village, fut saisi par ces brutes, frappé de coups de baïonnette, puis fusillé dans la cour de sa maison. Ils se préparaient à faire subir le même sort à la mère et à la sœur de l'infortuné quand un appel de trompette les força à quitter le village qui n'était plus d'ailleurs qu'un immense brasier. L'apparition de quelques francs-tireurs sauva le reste des habitations.

Peu de jours après, le lieutenant Grosshopf, du 70me, se vantait d'avoir donné le signal du massacre à Fauconcourt. Cette odieuse vantardise prouve assez que les officiers prussiens, dans leurs cruautés de chaque jour, étaient les fidèles exécuteurs des ordres de leur gouvernement.

Vers la même époque, le village de Cléry, près de Péronne, fut le théâtre d'autres atrocités. Deux officiers du 7e uhlans, et un des chefs du service télégraphique, entrèrent chez M. *Legrand,* cultivateur de la localité. Ils commandèrent un dîner qu'on leur servit aussitôt et qu'ils arrosèrent de nombreuses libations. A la nuit, les Prussiens exigèrent d'être servis par des parentes de M. Legrand qui se trouvaient alors dans la maison ; celui-ci refusa. Le capitaine, sans respect pour les cheveux blancs de son hôte, le fit garrotter et conduire dans une auberge voisine, occupée par une soixantaine de soldats du 4me régiment d'infanterie. Près de la porte, le uhlan jeta le vieillard par terre d'un violent coup de poing : « Est-ce assez « malhonnête de m'apostropher d'une pareille ma- « nière ? » dit M. Legrand, essayant de se relever. Alors, le soudard se jeta sur lui, le bâillonna avec un foulard et lui tira trois coups de revolver. Deux balles portèrent en plein dans la tête ; la troisième alla s'enfoncer dans le mur où elle resta longtemps. Trois officiers d'artillerie, couchés près de là, se levèrent au bruit des détonations ; mais ils se recouchèrent aussitôt, voyant qu'il ne s'agissait que de l'assassinat d'un vieillard. Le meurtre consommé, le bourreau écrasa la tête de sa victime à grands coups de bottes, et fit attacher le cadavre à la porte d'un jardin, en face de l'auberge. Pour simuler une agression contre lui, il eut la lâcheté de placer un sabre dans la main droite du cadavre.

Cet acte de cruauté vraiment sauvage fut accueilli avec une vive satisfaction parmi les troupes alle- mandes ; et, plus tard, les soldats prussiens, de pas- sage dans le village, se montraient en riant la porte où le malheureux vieillard avait été exposé !

Le 26 décembre, le général Manteuffel, sachant que l'armée française s'était retirée derrière Arras, pres- crivit de faire le siège de Péronne, dont le blocus, suivant ses prévisions, devait être terminé le 27.

Les troupes d'investissement, sous les ordres du général von Senden (6.000 hommes), se composaient de 11 bataillons d'infanterie, 16 escadrons et 11 batte- ries (soit 65 canons).

Le 28, vers midi, un parlementaire sommait la ville de se rendre ; il entra par les remparts afin de ne pas effrayer la population.

Le commandant Garnier fit parvenir sa réponse par l'intermédiaire du capitaine *Morris,* des mobiles du Pas-de-Calais : « Le gouvernement de mon pays m'a « confié la place de Péronne, disait-il, je la défendrai « jusqu'à la dernière extrémité, et je fais retomber « sur vous la responsabilité de tous les maux qui, de « votre fait, et contrairement aux usages de la guerre « entre nations civilisées, atteindraient une population « inoffensive. »

III

Bombardement de l'hôpital. — Mlle Sophie Bachelet. — Les époux Mazure-Cyrille. — Evacuation de l'hôpital. — Un soldat du premier Empire. — L'église de Saint-Jean-Baptiste. Ses cloches. — Joie des soldats allemands. — Angoisses des habitants. — Le 1er janvier à Péronne. — Le général Barnekow. — Le drapeau blanc sur l'église Saint-Jean. — Envoi de parlementaires à l'ennemi. — Refus de laisser sortir les femmes et les enfants. — Un colonel de la Landwehr en 1870. — Les représailles à craindre. — L'artilleur Ricaux et sa mule. — Les casemates. — Les bombes à pétrole. — Le commandant refuse de se rendre. — Le drapeau tricolore au milieu de l'armée allemande. — Incendies. — Bruits d'assaut. — Un sergent de francs-tireurs. — Nouvelle sommation. — Le Conseil de défense refuse de capituler. — Le lieutenant de vaisseau Poitevin. — Conditions de la capitulation. — Avis du Conseil d'enquête. — La garnison française quitte Péronne. — Entrée des Prussiens. — Pertes des deux armées. — La devise de Péronne. — Aspect de la ville actuelle.

Le capitaine Morris n'était pas encore rentré, que les premiers obus tombaient sur la ville.

Surprise plutôt qu'effrayée par cette attaque soudaine, la place répondit aussitôt avec toutes ses pièces. L'ennemi visait exclusivement les maisons, l'église, l'hôpital, bien que ce dernier fût surmonté de trois drapeaux blancs à croix rouge. Malgré la violence extrême du feu dirigé contre cet asile de charité, on put, grâce au dévouement des religieuses, faire sortir tous les malades.

Les Allemands avertissaient ainsi la population que, pour se rendre maîtres d'une ville qu'ils voulaient *à tout prix*, suivant le mot de Manteuffel, ils ne reculeraient pas devant les actes de la plus révoltante barbarie.

Les habitants se réfugièrent dans les caves et les casemates, les maisons étant devenues inhabitables.

La première victime du bombardement devait être Mlle *Sophie Bachelet,* qu'un obus, entré par la lucarne d'un grenier, tua raide. « Mon Dieu ! je suis morte ! » furent les seuls mots qui sortirent de sa bouche.

Presque au même moment, un obus éclatait, rue Saint-Jean, dans un magasin d'épicerie, tenu par les époux *Mazure-Cyrille.* La femme, assise devant son comptoir, tenait son jeune enfant dans les bras ; elle tomba mortellement frappée ; et son enfant, ainsi que son mari, furent grièvement blessés.

De tous côtés, des morts et des mourants... Et l'incendie jetait sa lueur sinistre sur ces scènes de meurtre et de désolation.

L'évacuation de l'hôpital donna lieu à des épisodes tristes et touchants. Un vieux soldat du premier Empire, infirme, se soutenant à peine, portant à sa boutonnière la médaille de Sainte-Hélène, se leva furieux, le poing tendu du côté de l'ennemi, le juron et la menace à la bouche. Les larmes coulaient sur ses joues amaigries : « Ah ! disait-il en pleurant, que n'ai-je vingt ans, pour me venger ! » Plus de 300 projectiles furent lancés sur l'hôpital ce jour-là.

Lorsque la ruine fut entièrement consommée, l'ennemi cessa de tirer.

Au nombre des blessés se trouvait un cavalier prussien, pris quelques jours auparavant dans une reconnaissance. Un habitant de Péronne se jeta au milieu du brasier ardent pour le sauver. Quel contraste entre ces artilleurs allemands qui bombardent, sans merci, un hôpital où de nombreux malades sont exposés à une mort terrible, et ce simple citoyen, qui n'hésite pas un instant à braver les flammes pour en retirer son ennemi exposé à périr !

Pendant toute la nuit, l'incendie continua ses ravages. L'église de Saint-Jean-Baptiste, dont les belles vitrines faisaient l'admiration des artistes, s'effondrait sous les projectiles. La tour, quoique criblée de boulets et d'obus, resta debout, et échappa ce jour-là au feu qui dévorait jusqu'aux murs.

Le 29 décembre, dès le matin, le bombardement reprit avec la même intensité.

Péronne présentait le spectacle d'un immense brasier, que ravivaient les obus prussiens lancés à dessein au milieu des flammes. Pour comble de malheur, les pompes étaient gelées.

Plusieurs personnes furent tuées ou blessées au cours de cette seconde journée.

Sur ces entrefaites, un certain nombre d'habitants vinrent supplier le commandant Garnier de faire cesser le plus tôt possible le bombardement.

Le feu de l'ennemi se ralentit vers les quatre heures de l'après-midi ; et, durant la nuit, le tir devint de moins en moins soutenu.

Le 30, les batteries prussiennes ne tirèrent plus que par intervalles ; il y avait une détente dans l'attaque. Quel en était le motif ? Les assiégés, naturellement, l'ignoraient.

La tour de l'église Saint-Jean, nous l'avons dit, était criblée, trouée, ébréchée en vingt endroits ; elle menaçait ruine. La violence de l'incendie fit bientôt voler en éclats sa toiture. Les cloches, au nombre de sept, allaient-elles, dans une chute épouvantable, écraser de leur poids énorme (pas moins de 9.600 kilog.) les maisons avoisinantes, et ensevelir les malheureux qui s'y étaient réfugiés ?

Quelles angoisses n'éprouvèrent pas, dans cette nuit terrible, les habitants de Péronne !

La lueur des incendies éclairait le ciel et se reflétait au loin sur la neige... A ce spectacle terrifiant, les ennemis dansaient autour de leurs batteries et saluaient de leurs chants cyniques cet horrible drame.

Des plaintes, des récriminations, des accusations contre l'autorité civile commençaient alors à se faire entendre. Les caractères s'aigrissaient, et beaucoup de citoyens, atteints dans leurs plus intimes affections ou dans leurs biens, l'accusaient d'imprévoyance. Toutefois, disons-le, la majorité de la population, triste, silencieuse, se résignait devant le devoir à accomplir.

Le 31, les assiégeants tirèrent encore par intervalles ; la place répondit coup pour coup. Le lendemain (1er janvier 1871), ils cessèrent le feu. Une partie des troupes ennemies qui occupaient le département de la Somme rétrogradèrent sur Paris, rappelées par des nouvelles alarmantes venues de Rouen.

Pendant cette journée, consacrée d'ordinaire aux joies et aux épanchements de famille, la ville fut triste et consternée, en présence des désastres dont elle pouvait alors constater toute l'étendue. Quelques personnes, profitant de cette accalmie, allèrent se réfugier dans les villages environnants.

Le 1er janvier 1871, le général Barnekow, de la 16e division d'infanterie, prit le commandement des opérations du siège, à la place de von Goeben. Le bombardement recommença le lendemain vers les neuf heures du matin. Cette fois, on s'aperçut que les projectiles étaient de plus fort calibre. L'ennemi se servait des pièces françaises amenées de La Fère et d'Amiens.

Le 30 décembre, le Conseil de défense avait manifesté le désir qu'une démarche fût tentée auprès des assiégeants, afin d'obtenir que les vieillards, les femmes et les enfants pussent sortir de la ville. Une première demande de ce genre avait été rejetée, il est vrai ; on espérait, toutefois, que l'ennemi se relâcherait de sa rigueur primitive.

On décida donc de hisser un drapeau blanc sur la

tour Saint-Jean ; mais, dans l'état de délabrement où celle-ci se trouvait, le difficile était d'y parvenir. Trois jeunes gens de bonne volonté y réussirent cependant. C'étaient MM. *Alfred Gasset*, *Delaporte fils* (morts depuis), et *Paul Boulant*.

Les assiégés cessèrent aussitôt le feu ; mais l'assiégeant n'interrompit point le sien.

Trois parlementaires, MM. *Cadot*, commandant de la garde nationale sédentaire, *Oscar Gonnet*, membre de la commission municipale, et *Friant*, premier vicaire de Saint-Jean-Baptiste de Péronne, quittèrent la ville, le 2 janvier vers dix heures et demie du matin. Ne sachant où était l'ennemi, ils se dirigèrent vers les hauteurs de Barleux, d'où paraissaient venir les projectiles. Ils furent reçus par deux officiers prussiens qui, après avoir examiné les pouvoirs des parlementaires, déclarèrent qu'ils n'avaient pas qualité pour traiter, et qu'il fallait s'adresser au général commandant en chef l'armée assiégeante. « Nous ignorons, ajoutèrent-ils, l'emplacement actuel du quartier-général. » Devant cette réponse, qui leur parut dérisoire, les délégués français rentrèrent dans Péronne, puis se rendirent à Doingt, où ils espéraient trouver celui qu'ils cherchaient. Arrivés au village, on les conduisit, les yeux bandés et sous escorte, jusqu'à Tincourt, à dix kilomètres de Péronne (1). Le général était absent. Des officiers leur dirent que certainement la réponse

(1) Le quartier-général prussien était alors au château de Boucly, près le village de Tincourt.

du commandant en chef serait négative, et qu'il était inutile de l'attendre.

Ils insistèrent ; on leur permit alors de descendre dans la salle à manger du château de Boucly, où ils furent gardés à vue comme des prisonniers. Le général, prévenu, les fit avertir à six heures qu'il ne pouvait accepter qu'une offre de capitulation.

Les délégués répondirent qu'ils n'avaient pas les pouvoirs nécessaires pour traiter de la reddition de la place. Ils demandèrent en grâce d'être reçus par le général, afin de faire appel à ses sentiments d'honneur et d'humanité en faveur de la population civile qui, seule, jusqu'alors, avait souffert du bombardement.

La réponse des officiers ne leur permit pas de continuer plus longtemps une discussion devenue inutile, et, rentrés à Péronne à neuf heures du soir, ils communiquèrent au commandant le résultat de leur démarche : les Allemands tenaient essentiellement à conserver dans Péronne la population civile ; ils la considéraient comme leur principal moyen d'action ; la France, d'ailleurs, en déclarant la guerre, avait, suivant eux, couru au-devant de tous les malheurs qu'elle subissait.

Ce langage était bien l'indice d'un mot d'ordre venu de haut lieu.

Il nous souvient qu'un jour, pendant l'invasion, comme nous nous plaignions des cruautés que faisaient subir les troupes prussiennes aux populations inoffensives, un colonel de la Landwehr nous répondait : « C'est de votre faute ! C'est la guerre ! Vous l'avez voulue ! »

La canonnade n'avait pas cessé une minute tant que dura la mission des parlementaires.

Rappelons ici le sang-froid de l'artilleur mobile *Ricaux,* chargé de la périlleuse mission de conduire de la poudre et des projectiles sur les remparts. Pendant l'un de ses voyages, une bombe éclata près de son équipage ; la mule qui traînait le haquet s'arrêta tout à coup, étourdie par la détonation. Ricaux, calme et froid, ne s'émut point pour si peu ; le fouet à la main, il se contenta de crier flegmatiquement : « Hue ! » et la mule continua son chemin.

Le mardi, 3 janvier, le feu de l'ennemi alluma en ville quelques incendies. Mais un autre danger allait surgir. La population presque tout entière s'était renfermée dans les casemates, où l'air se viciait de plus en plus, et donnait des craintes sérieuses pour la santé publique.

Toute la journée du 3, le canon se fit entendre au loin. Etait-ce cette armée de secours qu'on attendait avec tant d'anxiété ? L'espoir revint un instant au cœur de tous.

Toutefois, le feu des Prussiens et celui de la place ne se ralentirent pas ; l'incendie resta stationnaire. L'odeur de pétrole se dégageant des projectiles accusait assez les intentions criminelles des assiégeants.

Le Conseil de défense, réuni sur la demande de M. Fournier, maire de Péronne, refusa de se rendre ; il espérait encore en cette armée libératrice dont le canon s'entendait à quelques kilomètres.

L'ennemi avait diminué l'effectif de ses troupes

d'investissement ; une partie s'était dirigée vers le
nord.

Le mercredi, 4 janvier, les lourds projectiles des
Allemands firent de nouvelles victimes parmi la population civile. L'église et les édifices publics furent
encore une fois criblés par les bombes et les obus.
Tout à coup, vers trois heures, on aperçoit une longue
colonne noire descendant des hauteurs du mont Saint-
Quentin, et se dirigeant en bon ordre vers le faubourg
de Bretagne. Au milieu d'elle, flotte le drapeau tricolore. A la vue de ces couleurs bien-aimées, tous s'é-
crient : « C'est l'armée française ! C'est Faidherbe ! »

Hélas ! c'était un bataillon du 69ᵉ prussien, dont les
soldats portaient la casquette, et la teinte sombre de
leur uniforme les avait fait prendre pour des chasseurs
à pied. Une canonnade violente les contraignit à se
retirer vers les hauteurs du mont Saint-Quentin,
derrière lesquelles ils disparurent bientôt. Puis, une
sortie fut tentée dans la soirée, mais sans résultat.

La journée du 5 janvier devait être une des plus
pénibles pour les assiégés. Pendant la nuit, les batteries allemandes, dont le feu se concentrait sur un
même point, étaient parvenues à allumer d'immenses
incendies. De nombreuses maisons croulaient et ces
lueurs sinistres servaient de guide aux artilleurs prussiens. Les efforts des travailleurs étaient impuissants
à arrêter les progrès du feu.

Une nouvelle demande fut faite par l'autorité civile,
pour obtenir que la résistance ne se prolongeât pas
un jour de plus.

Le vendredi, 6 janvier, le feu continua de part et d'autre.

L'arrivée de l'armée de Faidherbe était devenue une illusion, et la ville avait perdu toute espérance. Cette fois, la place ne pouvait plus résister utilement. Le bruit d'un assaut imminent se répandit en ville, et les habitants eurent en perspective des dangers plus terribles que ceux qu'ils avaient supportés jusqu'alors.

Certes, dans l'état où se trouvait l'armée, un assaut ou une surprise avaient des chances de succès. Les Allemands y songèrent, paraît-il ; mais, en gens avisés, ils y renoncèrent, dans la crainte d'exposer la vie d'un grand nombre d'hommes pour un résultat problématique.

La journée du 7 janvier fut marquée par de nouveaux incendies et de nouvelles victimes. Un sergent de francs-tireurs eut la jambe brisée par un obus. C'est avec toutes les peines du monde qu'on put l'emporter à l'ambulance, où il devait subir l'amputation. Il semblait, malgré son affreuse blessure, vouloir encore narguer les projectiles ennemis.

Le 8 et le 9 janvier, la situation resta stationnaire. Déjà plus de 80 maisons étaient brûlées ; les autres horriblement mutilées. La place avait 12 pièces démontées, et il en restait trop peu en batterie pour continuer la lutte.

Aneuf heures du matin, le 9 janvier, un parlementaire allemand, accompagné de quatre hussards, se présenta à la porte de Bretagne. Il venait, de la part du général Barnekow, demander la reddition de la ville, à laquelle des conditions honorables seraient accordées en considération de sa courageuse résistance.

L'agitation la plus grande régnait parmi cette population affolée, et le mot de capitulation commençait à circuler. Sous cette impression, la majorité du Conseil de défense, réuni en toute hâte, décida d'en finir. Les parlementaires français se rendirent vers six heures du soir au quartier-général ennemi, et les termes de la capitulation furent arrêtés. Le lieutenant de vaisseau *Poitevin* refusa de la signer. Entre autres clauses, on stipula que les officiers qui voudraient prendre l'engagement de ne plus porter les armes contre l'Allemagne ne seraient pas retenus comme prisonniers de guerre. Le colonel Gonnet ne voulut à aucun prix admettre cette clause, et fut conduit en Bavière. Les soldats conserveraient leurs sacs, leurs effets et leurs objets de campement. Les habitants, « en raison de la résistance énergique de « Péronne, eu égard à sa faible position et aux « dégâts produits par le bombardement, seraient «. exempts de réquisitions en argent et en nature. »

Le Conseil d'enquête (séance du 7 mai 1872) blâma le commandant Garnier, pour avoir rendu la place avant qu'une brèche eût été ouverte dans les remparts, et pour avoir permis l'insertion, dans l'acte de capitulation, de la clause concernant les officiers.

Cette décision fut plus tard l'objet de protestations de la part du commandant Garnier, de MM. Blondin, ancien sous-préfet de Péronne, Gontran Gonnet, ex-lieutenant-colonel, commandant la 3ᵉ légion de la Somme, et Cadot, chef de bataillon, commandant la garde nationale.

Ce blâme du Conseil d'enquête causa une douloureuse surprise dans le nord de la France, où les éminents services du général Faidherbe, accusé de l'avoir provoqué, étaient cependant hautement appréciés.

Le lendemain de la capitulation, 11 janvier, à onze heures du matin, la garnison française quittait Péronne pour se rendre en captivité ; elle en sortait avec les honneurs de la guerre, tambours et clairons en tête, sac au dos, et fusil sur l'épaule. La foule était grande, et son émotion accompagnait ces braves qui, après avoir partagé toutes les douleurs de la population, prenaient le chemin de l'exil.

La remise des armes eut lieu au bois de Bellevue. A une heure, les Prussiens prenaient possession de la ville. Ils y trouvèrent 47 canons, 5.000 fusils et une grande quantité de provisions, de munitions et de vivres.

Les fortifications avaient peu souffert, mais 80 maisons étaient incendiées et 600 devenues inhabitables.

La garnison avait eu 13 soldats tués, et 60 blessés, dont quelques-uns moururent plus tard. La population civile, éprouvée en outre par la variole, eut 4 tués et 15 blessés.

Les Allemands avouèrent une perte de 5 officiers blessés, 8 soldats tués, 50 blessés et 3 disparus.

Péronne « la Pucelle » avait dû ouvrir ses portes à l'ennemi. Sa fière devise « *Urbs nescia vinci* » n'en demeure pas moins glorieuse, et restera gravée sur ses murs, comme un témoin du passé héroïque de cette vaillante petite cité, et comme une honte ineffaçable pour les Allemands, qui ne triomphèrent que sur les ruines d'une ville dévorée par les flammes.

LONGWY

I

La première place investie par l'ennemi, en 1792, fut celle de Longwy. Elle avait alors pour garnison un bataillon de ligne et un bataillon de volontaires, entre lesquels régnait une discorde absolue. Le commandant, d'après le témoignage de Dumouriez, était un ancien officier capable et expérimenté ; malheureusement, il manqua d'énergie. En présence de cet état de choses, le Conseil municipal, dans sa séance du 21 août 1792, crut devoir décider la capitulation ; un seul membre refusa de s'associer à cet acte qu'il considérait comme déshonorant ; il fut puni de sa courageuse résistance par l'incendie de sa maison. Quelques jours après, cet intrépide citoyen était arrêté par les Prussiens, qui le condamnèrent à la pendaison. On venait de le soulever de terre quand le clou se détacha. Le pseudo-pendu s'élance alors dans la rue, et, après une course furibonde, parvient à regagner l'armée française, où il fut nommé lieutenant.

Paris apprit avec consternation la prise de Longwy, et l'Assemblée nationale, sur la proposition de Servan, alors ministre de la guerre, décréta immédiatement la peine de mort contre tout citoyen qui proposerait de rendre à l'ennemi une place française assiégée.

Le lendemain, les officiers de la garnison comparaissaient devant une cour martiale ; le commandant fut exécuté en même temps que sa femme, jalouse de partager son sort.

La fondation de Longwy (1) remonte au VIIe siècle ; la cité, divisée aujourd'hui en ville basse (ouverte) et en ville haute (fortifiée), dépendait jadis du duché de Bar ; elle devint plus tard la capitale d'un duché particulier. Réunie d'abord à la Lorraine, elle fut cédée à la France en 1678 ; Louis XIV y fit construire par Vauban les fortifications encore existantes, et qui forment un hexagone de 2.338 mètres de périmètre, composé de six bastions et de deux cavaliers.

On voit près de Longwy, au *Titelberg,* les ruines d'un camp romain.

15.000 Prussiens, après un siège désastreux et une défense héroïque, s'emparèrent, en 1815, de cette petite place.

Pendant les grandes opérations autour de Metz en 1870, Longwy fut protégée par son éloignement du

(1) Aujourd'hui chef-lieu de canton du département de Meurthe-et-Moselle ; 2.500 habitants.

lieu de l'action. Située dans un angle de notre extrême frontière Nord-Est, et comme protégée par la double neutralité de la Belgique et du grand-duché de Luxembourg, elle reçut, au début de la campagne, la visite de quelques uhlans ; ceux-ci, pour la forme, la sommaient de se rendre, et repartaient aussitôt, après une réponse négative.

On se tenait cependant sur ses gardes. Dès la fin de juillet 1870, la garde nationale sédentaire, sous le commandement de M. *d'Adelswaerd,* ex-officier d'état-major et ancien représentant du peuple, était organisée; la garnison prépara son armement ; le génie fit abattre tous les arbres disséminés sur les glacis. De temps en temps, de petits détachements sortaient de la ville pour fouiller les bois dans les directions de Montmédy et de Thionville, dont le canon s'entendait jusqu'à Longwy.

Avant de poursuivre le récit des événements du siège aussi bien que du bombardement, nous reproduirons la description suivante, due à la plume de M. Mézières, membre de l'Académie française :

« Peu de positions sont à la fois plus pittoresques et
« plus propres à la défense que celle qui a été choisie
« par notre plus grand ingénieur pour y bâtir une ville
« de guerre. A l'extrémité du plateau des Ardennes,
« sur un promontoire soutenu par des rochers escar-
« pés d'où l'on domine le cours du Chiers, d'où l'on
« découvre le pays belge jusqu'à l'église d'Arlon et le
« grand-duché jusqu'aux collines derrière lesquelles
« se cache Luxembourg, la tour carrée de Longwy se

« dresse comme un phare que les voyageurs recon-
« naissent à plusieurs lieues de distance. De trois
« côtés, la forteresse s'appuie sur la roche nue au-
« dessus de l'abîme béant ; à l'ouest seulement, elle
« se rattache au plateau qu'elle termine par une langue
« de terre où le génie a déployé toute sa science pour
« la couvrir par d'épaisses murailles, par des fossés
« profonds, par des fortins qui en défendent les appro-
« ches.

« A l'intérieur de la place, toutes les constructions
« portent leur date et comme la marque de l'art sévère
« qui les a créées : pont-levis, poternes, sombres
« voûtes, hautes murailles, rues régulières coupées à
« angles droits ; façades uniformes en pierre de taille,
« semblables à des murs de rempart qu'on aurait per-
« cés de fenêtres, toits en ardoise, place carrée bordée
« de monuments symétriques.

« Au premier abord, on croirait entrer dans une
« caserne : magnifique caserne, en effet, où se loge-
« raient facilement 8.000 soldats sans gêner les habi-
« tants ; mais si, des murs grisâtres, çà et là tachés de
« mousse, qui enferment la forteresse, on porte ses
« regards sur la campagne, rien de plus saisissant
« que le contraste d'une architecture si menaçante et
« d'une nature si aimable ! Sur les flancs des collines
« descendent des jardins suspendus d'étage en étage
« comme des bouquets de verdure ramassés dans des
« plis de montagne ; de tous côtés s'ouvrent des vallées
« fraîches dont le gazon s'enfonce sous les voûtes des
« grands bois. A ces beautés pittoresques, de puissan-

« tes usines, qui animent le cours du Chiers, associent
« l'activité et la richesse de l'industrie. »

Le 27 août 1870, le Prince royal de Prusse envoya
en parlementaire un officier de hussards, pour sommer
la ville de se rendre ; le lieutenant-colonel *Massaroli*,
commandant supérieur, répondit par un refus, ajoutant que la place serait défendue jusqu'à la dernière
extrémité par ses habitants et sa garnison. Le surlendemain on informa le commandant français que l'ennemi s'était établi à Audun-le-Tiche (1), distant de
20 kilomètres de Longwy, et que sa cavalerie opérait
de nombreuses réquisitions dans les villages voisins.
Le maire de Redange (2), pour s'être opposé avec
énergie aux exactions de l'ennemi, avait même été
garrotté et menacé de mort.

L'effectif de la garnison comprenait alors 110 soldats du 44ᵉ de ligne, 69 artilleurs, 160 douaniers et
quelques gardes forestiers ; au 1ᵉʳ novembre, on atteignait, avec les gardes nationaux, l'effectif de 2.000
hommes.

Les bouches à feu étaient au nombre de 130, de
toutes sortes ; 97 furent mises sur les remparts (11 de
24 et 18 de 12 étaient rayées). La place ne manquait
pas d'approvisionnements.

Le commandant, désireux de surprendre l'ennemi
par une attaque audacieuse de nuit, envoya le 29, à
onze heures du soir, un détachement de 150 hommes,
dont 111 douaniers et des gendarmes, connaissant

(1) Aujourd'hui cédé à l'Allemagne. — (2) Id.

parfaitement le pays, sous les ordres du capitaine des douanes, M. *Lostic de Khéror,* dans la direction du petit village d'Audun. Cette expédition, conduite avec beaucoup de vigueur et d'intelligence, eut un succès complet ; l'ennemi, surpris, nous abandonna 50 à 60 hommes tués ou blessés, parmi lesquels un capitaine et un lieutenant, et 50 prisonniers ; le reste passa dans le Luxembourg ; on captura également 32 chevaux et plusieurs voitures chargées d'armes et de munitions. Les Français eurent 2 tués et 4 blessés.

Le 20 septembre, le capitaine *Morel,* du 44e de ligne, avec 450 hommes d'infanterie, surprit nuitamment un détachement de 300 Prussiens au village d'Arrancy (Meuse), leur tua ou blessa 80 à 90 hommes, dont 2 officiers, et leur fit 30 prisonniers ; les Français eurent 6 tués, 13 blessés et 2 disparus. La comptabilité d'une compagnie du Brandebourg tomba entre nos mains.

M. *Félix Deschange,* maire de Longuyon (1), et depuis député de la Moselle, fut accusé par les Prussiens d'avoir livré à la garnison de Longwy le secret de leur présence à Arrancy ; ils résolurent de l'arrêter pour le condamner à mort sans autre forme de procès ; heureusement, M. Deschange, averti à temps, put s'échapper et gagner la Belgique.

La garnison comptait dans ses rangs le sergent *Braye,* sous-officier évadé de Sedan, d'une force et

____

(1) Chef-lieu de canton (Meurthe-et-Moselle).

d'une intrépidité extraordinaires ; sa belle conduite pendant la guerre le fit plus tard nommer chevalier de la Légion d'honneur. Le colonel Massaroli pensa à utiliser pour la défense de la place les qualités exceptionnelles de ce sous-officier. Il lui confia le commandement d'une compagnie de francs-tireurs avec mission d'attaquer l'ennemi, de l'empêcher de réquisitionner les villages voisins, de lui tendre des embuscades dans les bois et les passages favorables ; de le harceler sans cesse, en interceptant ses convois ; en enlevant ses vedettes ; enfin d'assurer « par tous les « moyens possibles de bonne guerre » la sécurité des environs de Longwy.

Le 19 octobre, cette compagnie, renforcée de quelques gardes nationaux commandés par le lieutenant *Hippolyte d'Huart,* fit une sortie heureuse ; ces braves tuèrent 22 hommes à l'ennemi (dont le capitaine commandant comte *de Pulskau,* et son lieutenant), en blessèrent 8 et ramenèrent 2 prisonniers ; 25 chevaux furent mis hors de combat.

Cependant les Prussiens, que ces attaques continuelles inquiétaient et gênaient sensiblement, se rapprochaient chaque jour de plus en plus de la place, afin d'en amener au plus tôt la reddition. Le commandant crut devoir renouveler aux habitants sa ferme résolution de résister au bombardement et à l'incendie, suites inévitables de l'attaque prochaine des Allemands. Le 31 octobre, il adressa à la population et à la garnison l'ordre du jour suivant :

« Habitants de Longwy, Soldats,

« Sommes-nous condamnés à n'entendre parler que
« d'ignobles trahisons ?... Après la capitulation de Se-
« dan, celle de Metz, notre plus belle armée et le plus
« solide rempart de la France, indignement sacrifiés
« à l'ambition de quelques hommes et aux plus machia-
« véliques combinaisons !

« La France et l'Europe se soulèveront d'indignation
« à la lecture des preuves écrites apportées par les
« documents les plus authentiques.

« Mais c'est assez de ces infamies et de ces criminels
« calculs ; il est temps d'y mettre un terme.

« Il n'en sera pas ainsi de notre petite forteresse,
« qui saura se montrer digne de ses souvenirs histo-
« riques ; elle fera voir au pays que le sentiment de
« l'honneur n'a pas abandonné le sol de la patrie et
« qu'il existe encore tout entier dans ce petit coin de
« la France qui s'appelle Longwy.

Habitants, Soldats,

« Vous le savez, la place renferme tout ce qu'il faut
« pour la défendre : des vivres pour plus d'une année,
« un armement complet, des munitions pour six mois,
« et vous, ses défenseurs, nombreux, bien organisés,
« vous êtes résolus à résister à toute extrémité ; car
« vous savez aussi que vous pouvez compter sur moi
« et que je serai avec vous aux remparts et au feu de
« l'ennemi.

« Que ceux qui craignent, se hâtent de quitter la

« place pendant que les portes leur sont encore ou-
« vertes ; il n'y doit plus rester que des gens disposés
« à se battre, pour venger l'honneur de la patrie indi-
« gnement outragée.

   « Vive la France ! Vive la République française !

     « *Le lieutenant-colonel, commandant supérieur,*

                  « MASSAROLI. »

Le 1ᵉʳ décembre, dès le petit jour, les francs-tireurs attaquèrent les avant-postes prussiens et leur tuèrent ou blessèrent quelques hommes. Dans l'après-midi, Massaroli envoya deux bataillons d'infanterie, afin de protéger les francs-tireurs et de reconnaître les forces de l'ennemi, barricadé dans les rues de Villers-la-Montagne (1), et qui eut en cette rencontre 5 hommes tués et 8 blessés.

Dans le courant du même mois, plusieurs autres sorties furent exécutées afin de déloger les Prussiens des villages qu'ils occupaient, et de s'assurer s'ils établissaient leurs batteries de siège. Elles eurent généralement une heureuse issue, malgré l'infériorité numérique des Français. Dans l'une de ces expéditions, où l'ennemi perdit 100 hommes, on faillit s'emparer du colonel comte Schmettau, qui dut fuir, à peine vêtu, par une issue dérobée ; son aide de camp fut fait prisonnier ; on captura notamment 5 chevaux d'officiers supérieurs.

Ces attaques incessantes incommodaient beaucoup

---

(1) Bourg du canton de Longwy.

les assiégeants qui, craignant de perdre trop de monde, s'étaient contentés jusqu'alors d'investir la place, afin de protéger leur grande ligne de Thionville. Mais, en janvier, la situation de ses armées faisant une nécessité pour l'état-major allemand de s'emparer du chemin de fer d'Arlon, le bombardement de Longwy fut résolu. Massaroli, prévenu de ce projet, en informa les habitants et fit un nouvel appel à leur patriotisme. « Mettons donc de côté, leur dit-il, les méfiances et les « défiances pour nous unir dans une résistance qui « étonnera et déconcertera l'ennemi. Que notre devise « à tous, dès ce moment, soit celle-ci : « Fais ce que « dois, advienne que pourra. » La France, n'en dou- « tez pas, habitants de Longwy, saura vous rendre au « centuple ce que vous aurez sacrifié pour elle ; mais « ce que la France ne pourra pas vous rendre, c'est « l'honneur, si vous l'avez perdu !... Souvenez-vous, en « l'imitant, de l'héroïque exemple de Bitche, de Phals- « bourg et surtout de Paris, au cri de : Vive la France ! « Vive la République ! »

Il invitait en même temps, une dernière fois, les personnes qui ne se sentaient ni la force ni l'intention de subir les conséquences d'un siège ou d'un bombardement à se hâter de quitter la ville, et leur conseillait de s'adresser au consul de France à Arlon, qui avait pris ses dispositions pour recueillir les familles et leur assurer un asile convenable. Un grand nombre d'habitants émigrèrent.

La place se trouva complètement investie par les 14 à 15.000 hommes qui, depuis le mois de décembre,

occupaient les villages environnants. Après avoir évacué Montmédy, les Prussiens transportèrent non sans
peine leur formidable artillerie sous les murs de Longwy.
Signalés dès le 27 décembre, ils arrivèrent seulement
le 10 janvier devant la place. Les habitants qui étaient
restés pour partager le sort de la garnison les attendaient depuis cinq mois, bien décidés à les recevoir
vaillamment du haut de leurs remparts. Ils ne se faisaient cependant aucune illusion sur leur sort, se rendant bien compte qu'ils seraient écrasés par l'artillerie
allemande ; que leurs toits s'effondreraient sur leurs
têtes ; que, dans l'étroite enceinte de la forteresse, il
ne resterait peut-être pas un seul endroit qui ne fût
balayé par les projectiles ennemis ; n'importe, la pensée d'un péril certain n'ébranla pas leur résolution.

En vue d'un bombardement aussi imminent, on se
mit à l'œuvre avec ardeur ; les casemates de la caserne
furent occupées par les troupes, par les habitants et
par les malades de l'hôpital militaire ; les blindages
furent achevés.

De son côté, l'ennemi, à la faveur des sombres journées de janvier, établit, sans être vu, ses batteries à
une petite distance des remparts. De là, il lui était
facile d'écraser la ville de ses projectiles incendiaires
et d'éteindre le feu de la place.

II

Le bombardement de Longwy commença le 17 janvier 1871, entre sept et huit heures du matin, et continua sans interruption jusque dans la matinée du 25 ;
pendant plus de huit jours, les bâtiments militaires, les
bastions et les remparts furent écrasés par un feu terrible ; les pièces en batterie atteintes l'une après
l'autre, les affûts brisés ou démontés. Sur 130 pièces,
28 seulement purent répondre avec succès aux 12 batteries qui dominaient la place et envoyèrent 25 à
30.000 projectiles, dont un grand nombre du poids de
82 kilogrammes.

L'hôpital militaire, criblé d'obus, menaçait de s'ef-
fondrer sur les malades ; deux infirmiers avaient été
tués et six autres blessés ; des quatre casernes, trois
faillirent s'abîmer sur les habitants contraints d'y
chercher un refuge ; l'église, avec sa tour, tremblait
sur ses fondations ; la ville était en grande partie
incendiée.

A partir du 21 janvier surtout, Longwy avait énormément souffert ; la maison du commandant, dite *le
Gouvernement,* ainsi que celle où habitait sa famille,
étaient notamment criblées de projectiles. L'ennemi
semblait également s'acharner contre la poudrière.

Les secours tentés pour arrêter l'incendie ne pouvaient aboutir, vu la violence du bombardement.

Pendant ce temps, notre infanterie, placée dans les ouvrages avancés, échangeait une vive fusillade avec les troupes ennemies. Une sortie fut même tentée dans la nuit du 19, mais sans grand succès : l'assiégeant était trop bien gardé pour qu'on pût l'attaquer utilement.

Les assiégés profitaient de l'obscurité de la nuit pour réparer les travaux endommagés ; non sans danger, toutefois, car le feu était incessant. Rien ne pouvait résister aux projectiles lancés par les Allemands ; ce n'était partout qu'amas de ruines et foyers intenses ; encore l'incendie fut-il considérablement atténué, grâce à la terre sablée et à l'eau placées aux divers étages des maisons sur l'ordre du commandant supérieur.

Les chefs des batteries allemandes avaient ordre de chercher, pendant le jour, à démonter l'artillerie de la place, et, durant la nuit, de diriger leur tir contre les casernes, les magasins militaires et les édifices publics ; chacun de ces officiers possédait un plan détaillé, indiquant les positions à attaquer.

Le 24 janvier, le commandant communiqua au Conseil de défense un rapport dans lequel le docteur *Alix*, médecin en chef de l'hôpital militaire, estimait périlleuse la situation des blessés et des malades. Après en avoir pris connaissance, le Conseil déclara la résistance désormais impossible au delà de quelques heures, d'autant plus que, depuis longtemps, la

place se trouvait isolée et sans espoir de secours
extérieur.

Le lieutenant-colonel *Massaroli* se décida alors à
envoyer le commandant du génie *Boillot* proposer des
conditions honorables de capitulation au commandant prussien, qui les accepta ; mais seulement, dit-il,
en considération de la courageuse et héroïque résistance de la garnison contre des forces supérieures.
Le colonel *Krenski* fit accompagner le parlementaire
français par son aide-de-camp, porteur du texte allemand de la capitulation, que le colonel *Massaroli*
signa, après examen.

Le Conseil d'enquête infligea, par la suite, un blâme
au commandant de la place de Longwy, pour avoir
rendu les armes malgré ses proclamations antérieures
si énergiques, malgré, surtout, l'avis de tous les
membres du Conseil de défense déclarant que la résistance pouvait encore être prolongée quelque temps.

Pendant ces huit jours de bombardement, la place,
malgré le petit nombre de ses pièces engagées, avait
pu répondre par cinq ou six mille coups. De l'aveu
même de l'ennemi, elle avait réussi, grâce à la bonne
direction de son artillerie, à démonter plusieurs de
ses pièces. Les pertes des Prussiens s'élevaient à
environ 2.000 hommes, y compris les prisonniers. Les
nôtres furent de 26 tués, 104 blessés et 27 disparus.
« Tous, disait le colonel Massaroli dans son rapport,
« ont fait leur devoir, et ont bien mérité du pays ; tous
« seront fiers de pouvoir dire un jour : « J'étais au
« nombre des défenseurs de Longwy. »

La prise de Longwy coûta donc cher aux Prussiens ; les francs-tireurs et les volontaires qui, dans ce pays montueux et boisé, poussaient parfois leurs reconnaissances jusqu'à trois lieues de distance, leur faisaient une guerre de partisans qui les tenait continuellement en haleine. A la faveur de la brume et des brouillards si fréquents à cette époque de l'année, ces hommes énergiques, et dont la précision du tir est proverbiale, firent un mal considérable à l'ennemi.

: La reddition de Longwy eut lieu le 25 janvier 1871, et les Allemands y entrèrent le lendemain. Une partie de la garnison française put gagner la frontière belge, peu distante de la ville. L'ennemi trouva dans la place 130 pièces de canon, la plupart enclouées, 2.000 fusils et de grands approvisionnements en munitions et en vivres. Il ne craignit pas de demander 60.000 francs à cette cité si maltraitée, s'appuyant sur un article obscur de la convention, que, naturellement, il interpréta, comme toujours, en sa faveur.

Un bataillon prussien resta à Longwy et y tint garnison.

« La tour carrée de Longwy, dit M. Mézières, qu'on
« découvrait autrefois comme un phare, à quatre lieues
« de distance, penche maintenant sa tête mutilée ; des
« magnifiques ombrages qui entouraient les remparts
« et faisaient à la ville une verte ceinture, il ne reste
« plus que des arbres épars, isolés, comme des soldats
« qui resteraient debout au milieu d'un régiment fau-
« ché par la mitraille. Sur la route, des branchages
« accumulés, des pierres arrachées des murs et amon-

« celées rappellent que les Prussiens élevaient des
« barricades à l'entrée des villages, pour se préserver
« des sorties de la garnison. On n'a même pas respecté
« deux monuments expiatoires, et les croix brisées
« gisent à terre..... »

Parmi ceux qui s'étaient plus particulièrement distingués, on cita : — le chef d'escadron *Thillaye*, commandant l'artillerie, qui dirigea la défense avec une
habileté à laquelle l'ennemi rendit hommage, et montra
un calme, une énergie et un dévouement admirables ;
— le capitaine d'artillerie *Rives*, qui commanda le feu
avec une vigueur et une justesse de tir dignes des
plus grands éloges ; — le capitaine *Lavenu*, qui sortit
malade de l'hôpital pour prendre sa place sur les remparts, et mourut deux jours après la capitulation, des
suites de ses glorieuses fatigues ; — le commandant
du génie *Boillot* et son adjoint, le garde *Keltz* ; — le
docteur *Alix*, admirablement secondé par le personnel
de l'hôpital ; — l'officier comptable *Fremy* qui se fit
remarquer par sa fermeté, et le capitaine des douanes
Lostic de Kéhror, homme d'un très grand courage,
et qui, à la tête de ses braves douaniers, rendit de
très grands services à la défense.

Le colonel Massaroli ne voulut pas quitter Longwy
sans laisser à la garde nationale sédentaire « le témoi-
« gnage de son estime pour l'entrain et l'énergie avec
« lesquels tous avaient accompli leur devoir, aussi
« bien sous le feu de l'ennemi sur les remparts, que
« dans la ville, pour tous les services intérieurs. »

Il cita, comme s'étant fait remarquer entre tous : le

baron *d'Adelsward,* capitaine-commandant ; — les capitaines *Munier* et baron *d'Huart* ; — le lieutenant *Souverain* ; — le sous-lieutenant *Coulon* ; — l'adjudant *Bourgen,* et un grand nombre de sous-officiers, parmi lesquels *Henri-Charles Massaroli,* âgé de dix-sept ans, fils du commandant supérieur ; ce dernier fut cité sur la demande unanime de la compagnie des canonniers de Longwy.

Le siège de Longwy fut pour M. de Bismarck l'occasion de publier une note menaçant la neutralité du grand-duché de Luxembourg, pour le cas où ses habitants, comme à Thionville, approvisionneraient la ville assiégée. Ces rodomontades n'empêchèrent point les populations wallonnes (françaises de langage et de souvenirs), qui frémissaient en entendant gronder vers Longwy le canon prussien, de se porter en foule à la frontière où elles attendaient les blessés dans le but de les encourager, de les consoler et de leur prodiguer les soins.

Afin de ne pas interrompre la narration du siège de Longwy, nous avons réservé pour la fin de ce chapitre le récit de la captivité de trois soldats français qui se distinguèrent au combat d'Arrancy. Nos lecteurs pourront ainsi se faire une juste idée de la manière dont les Prussiens traitaient nos prisonniers, alors que les leurs étaient, en France, l'objet de bons traitements, parfois de délicates attentions, de la part de nos populations.

Le maréchal-des-logis *Léopold,* originaire de l'Yonne, engagé volontaire à dix-sept, ans avait assisté aux combats sous Sedan, où son régiment fut décimé dans une charge sur le plateau d'Illy. Fait prisonnier, on le parqua, avec tant d'autres, dans une île de la Meuse, où il resta captif trois longues semaines, souffrant de la faim, sans abri, et pataugeant dans la boue. Il parvint à s'échapper pendant sa marche sur l'Allemagne, et vint se mettre à la disposition du commandant de Longwy, qui l'incorpora dans le 16ᵉ bataillon de marche de la Moselle. Pris à nouveau avec trois de ses camarades à la sortie du 20 septembre, et n'ayant pas d'uniforme, il fut condamné à mort par une cour martiale. Mais un luxembourgeois, le comte *de Marsch,* fit comprendre au major prussien que cette exécution pourrait être fatale aux hommes qui se trouvaient entre les mains des Français ; on fit donc grâce de la vie à Léopold, ainsi qu'à ses trois camarades, et l'on s'en vengea en ordonnant deux heures de pillage dans le village d'Arrancy. Il se passa dans ce pays des scènes atroces, et les Français captifs furent maltraités avec des raffinements de cruauté dont on a peine à se faire idée. On les attacha ensuite deux à deux, et on se mit en marche. Au bout de trois jours, les prisonniers, que l'on privait de nourriture, comparurent devant un Conseil de guerre, à Verneville, près de Metz ; on les condamna, comme francs-tireurs, à dix ans de travaux forcés ; le prince Frédéric-Charles, auquel ils furent présentés, exprima son regret qu'on ne les eût pas fusillés.

Après un mois de captivité dans une casemate à Sarrelouis, Léopold et ses trois compagnons d'infortune furent internés au « *bagne royal prussien* » de *Werden-Amruhr* où étaient renfermés 1.200 condamnés aux travaux forcés ; d'autres Français vinrent bientôt les rejoindre, et, parmi eux, un nommé *Moulin*, celui-là même qui, messager volontaire du maréchal Bazaine, avait pu faire disparaître les pièces officielles dont il était porteur ; — un habitant de la Marne, *Henri Raimond*, père de dix enfants et que les Prussiens avaient condamné à dix ans de bagne. Ces malheureux vivaient pêle-mêle avec des criminels de droit commun, dont ils partageaient l'existence misérable et les pénibles travaux. Un notaire des Ardennes, M. *Thorel*, arrêté comme franc-tireur, travaillait à l'atelier de dorure ; ses compatriotes le nommèrent conseiller général au cours de sa captivité.

Enfin, la grâce de ces infortunés fut signée le 25 juillet 1872, et ils purent revoir leur patrie, alors que plusieurs de leurs camarades restèrent encore pendant de nombreuses années dans les bagnes prussiens !

LANDRECIES

Après avoir lutté longtemps avec habileté et courage
contre les masses allemandes, notre armée du Nord,
repoussée vers Saint-Quentin, fut obligée de battre
en retraite, non sans avoir fait subir à l'ennemi des
pertes sérieuses. Les Prussiens, qui avaient beaucoup
souffert à la bataille de Saint-Quentin, ne purent néanmoins poursuivre nos troupes qui se seraient assurément trouvées dans une situation inquiétante. Ils se
reposèrent pendant la nuit, et marchèrent aussitôt
vers Landrecies (1), terrifiant sur leur passage les
populations inoffensives, et accablant le pays de lour-
des réquisitions.

Le 21 janvier 1871, les premiers éclaireurs allemands
arrivèrent à Sambreton, distant de deux cents mètres

(1) Landrecies (Nord), sur la Sambre ; chef-lieu de canton ; 4.000
habitants.

de la ville ; et bientôt quelques-uns d'entre eux s'approchèrent audacieusement des glacis de la place, où ils échangèrent des coups de feu avec les sentinelles, mais sans aucun résultat.

Les paysans venus au marché s'empressèrent de partir. Personne ne s'attendait à une aussi soudaine attaque ; on croyait l'ennemi moins proche. Depuis quelque temps cependant, en prévision d'un siège, le commandant de Landrecies avait ordonné que les portes ne restassent ouvertes que de neuf heures du matin à quatre heures du soir, afin de permettre aux femmes et aux enfants de s'éloigner. En un clin d'œil, le vide se fit dans la petite cité flamande ; nombre de familles allèrent chercher un refuge dans les villages environnants, et jusque dans la forêt de Mormal, comme l'avaient fait leurs ancêtres durant les sièges de 1477 et de 1521.

Que de mécomptes nous causa pendant cette guerre l'insuffisance de notre service d'éclaireurs !

Landrecies n'avait pour la défendre que les gardes nationaux sédentaires, encore peu exercés ; — un bataillon de mobilisés de l'Aisne, hommes robustes, animés d'un bon esprit, et bien commandés ; c'était une excellente troupe ; — quelques marins canonniers, et deux batteries de la garde mobile du Nord, sous les ordres des capitaines *Delcourt* et *Stiévenart.*

La ville de Landrecies, bâtie sur la rive de la Sambre, au milieu d'une belle plaine, à la lisière de la forêt de Mormal, n'était encore, au XIᵉ siècle, qu'un simple village sans aucune importance militaire. Toute sòn illustration lui vient des sièges qu'elle a soutenus à diverses époques. Elle fut assiégée, en effet, prise et pillée en 1423 par Jean de Luxembourg. Les Français s'en rendirent maîtres ensuite en 1477 puis en 1521, et ils rasèrent ses remparts. L'Autriche, qui l'avait reprise, s'occupait à les relever lorsque François Ier l'investit de nouveau et réussit à s'en emparer ; il continua l'œuvre inachevée des Autrichiens. Charles-Quint, à la tête de 50.000 hommes, essaya de la reprendre ; mais la ville, défendue par *d'Essé* et *La Lande*, à la tête d'une poignée d'hommes résolus et intrépides (3.000 fantassins et 200 cavaliers d'élite), résista héroïquement pendant six mois, en dépit des cinquante pièces de canon qui la foudroyaient nuit et jour. En une seule nuit, l'ennemi avait lancé jusqu'à cinq cents bombes sur la ville. Charles-Quint dut battre en retraite, humilié d'être vaincu devant une « bicoque », alors qu'il prétendait subjuguer toute la France.

Les Espagnols reprirent Landrecies le 16 juillet 1647, parce qu'elle ne put être secourue à temps ; ils en demeurèrent maîtres jusqu'au 14 juillet 1655, où elle céda aux efforts des maréchaux de La Ferté et de Turenne, après dix-huit jours de tranchée ouverte. Ces généraux la prirent à la vue de l'armée espagnole, commandée alors par le prince de Condé. Treize ans plus tard (1668), elle fut définitivement réunie à la France.

En 1712, le prince Eugène tint Landrecies bloquée avec une armée de 90.000 hommes ; la victoire de Denain l'obligea de s'éloigner.

En 93, Landrecies fut, pour la troisième fois, attaquée par les Autrichiens, qui la foudroyèrent de leur artillerie ; la place, à bout de ressources, dut capituler. Pendant ce siège, où presque toute la ville fut détruite, la population et jusqu'aux enfants déploya un courage héroïque. Des femmes intrépides et animées du plus vif patriotisme allaient chercher les blessés sous le feu de l'ennemi, pour les porter dans un lieu sûr où elles les soignaient avec un dévouement égal à leur courage.

Le général Schérer la reconquit l'année suivante ; elle fut également bloquée en 1814.

Le dernier siège de Landrecies eut lieu en 1815. Le général de Kraft s'en empara après quatre semaines de blocus.

Les fortifications, dont l'origine remonte au XIe siècle, furent relevées et réparées d'après le système du chevalier Deville, sous Louis XIII, en 1637. Vauban en augmenta plus tard la force, et, depuis 1692, époque à laquelle les travaux furent achevés, on n'y avait presque rien fait.

Le 22 janvier 1871 donc, vers onze heures du matin, les cris de « Aux armes ! Voici les Prussiens ! » retentirent aux portes de Landrecies. Les gardes nationaux de service au faubourg de France avaient aperçu dix-huit cavaliers ennemis qui, après avoir caracolé quelques instants aux abords de la place, rebroussèrent chemin avec tranquillité. Dans l'après-midi, vers deux heures et demie, deux dragons saxons se montrèrent de nouveau sur la route de Sambreton ; les hommes du poste tirèrent sur eux, et l'un des cavaliers fut blessé. Les Prussiens espéraient s'emparer par surprise de la place de Landrecies, qu'ils savaient faiblement occupée. Un détachement de cent cinquante uhlans parcourait pendant ce temps les villages voisins, afin d'effrayer les populations et d'isoler ainsi la ville.

Ce même jour, la garnison fut augmentée de 420 hommes du 75e de ligne, commandés par le capitaine *Rotier*, braves soldats qui, pendant leur voyage, avaient déjà échangé quelques coups de fusil avec les cavaliers ennemis. Sitôt arrivés, ils se déployèrent en tirailleurs sur les remparts où ils favorisèrent considérablement le tir de notre artillerie, comme principale troupe de soutien.

L'armement avait été commencé dès le mois d'août 1870 ; les cinq bastions, qui font de la place un pentagone, avaient été pourvus de plates-formes et d'embrasures, par les artilleurs de la mobile du Nord, composée de jeunes gens du canton.

Le commandant supérieur était M. *Cossé*, capitaine de frégate, et le commandant de place, M. *de Bonefoux*, ancien chef d'escadron d'état-major. On leur avait adjoint M. *Lesur*, capitaine d'artillerie, et M. *Drouin*, capitaine du génie.

Les munitions et les vivres pouvaient durer trois mois. Les ambulances étaient disposées dans les salles de l'Hôtel-de-ville, surmonté du drapeau de la Croix-Rouge.

Dans la matinée du 23 janvier, deux corps de troupes prussiennes et saxonnes, détachées de l'armée de *von Goeben,* arrivaient sous Landrecies, venant de deux points différents ; ils comprenaient environ 3.000 hommes d'infanterie, de cavalerie et d'artillerie. A une heure de l'après-midi, les Allemands mirent cinq pièces en batterie à cinq ou six cents mètres de la porte de France, après quelques coups de feu échangés avec les défenseurs de la place. Puis, sans sommation aucune, le feu commença. Mais, ces pièces étant trop rapprochées de l'enceinte, la plupart des projectiles passaient par-dessus la ville, et allaient se perdre dans la campagne et la forêt de Mormal.

Nos artilleurs ripostèrent aussitôt. Pendant ce temps, les fantassins allemands se déployaient en tirailleurs dans le faubourg de France et aux abords de la ville. Ce fut bientôt un feu roulant de fusillade et de canonnade ; une véritable pluie de balles et d'obus s'abattit sur Landrecies et les alentours. Cette première attaque n'était cependant qu'une feinte pour tromper les assiégés.

Vers deux heures et demie, les sentinelles placées sur les remparts aperçurent de fortes masses noires qui s'avançaient le long de la voie ferrée : c'étaient les Allemands qui venaient occuper la gare aux marchandises et le village de Happeyardes. Ils installèrent à cet endroit une batterie qui lança aussitôt avec furie sur la ville des obus et des bombes qui causèrent d'affreux ravages. Le quartier où se trouvaient l'arsenal et l'église paraissait être l'objectif du tir de l'ennemi, dont la précision était remarquable.

La veille, un officier prussien, qui paraissait connaître parfaitement Landrecies, disait à un habitant de Catillon, commune voisine : « Nous allons voir si la « petite ville de Landrecies nous ouvrira ses portes ; « vous connaissez l'arsenal et le petit bâtiment qui « l'avoisine (la poudrière) ? Eh bien ! je vais diriger « mes canons de ce côté, et toutes mes bombes iront « au même endroit. » L'arsenal et la poudrière, constructions nouvelles, contenaient les armes et les munitions destinées à la défense de la place.

Les habitants restés dans la ville fuyaient éperdus par les rues ; les femmes et les enfants, malgré les obus tombant autour d'eux, couraient chercher un abri dans les casemates, dans les souterrains et dans la ville basse ; quelques vieillards se rappelaient encore avec effroi les sièges de 1793 et de 1815.

Les artilleurs de la place dirigeaient leurs projectiles sur la gare occupée par l'ennemi, auquel ils firent supporter un feu des plus nourris et des plus meurtriers.

La garde nationale sédentaire, surprise par cette attaque subite, se rassembla cependant, et put alors occuper les postes qui lui furent assignés par M. *Martin-Fournez,* capitaine-adjudant-major, commandant en l'absence du colonel et du chef de bataillon.

La poudrière, qui servait de point de mire aux Allemands, était heureusement couverte de terre et d'un épais blindage ; si elle eût sauté, c'était la perte de la ville tout entière. La toiture et la voûte de l'église faillirent s'abîmer sous les projectiles, et le portail ainsi que les degrés en pierre furent réduits en miettes.

Toutes les maisons voisines étaient également criblées d'obus ; une seule en reçut cinquante ; on pouvait voir les murailles percées à jour, et les bombes à pétrole avivaient encore l'incendie terrible qui se déclarait sur plusieurs points. Le sol tremblait ; les pierres volaient en éclats ; les toits s'effondraient ; les ruines s'accumulaient d'une manière effroyable, sous cet ouragan de fer et de feu. M. *Carton*, receveur de l'enregistrement et des domaines, qui demeurait près de l'église, eut la jambe brisée et le genou broyé ; il mourut le 28 janvier, des suites de l'amputation.

Pendant ces désastres, et malgré le danger, les sapeurs-pompiers, commandés par M. *Martin*, déployèrent un courage et une énergie dignes des plus grands éloges, n'interrompant leur périlleuse besogne que lorsque les obus la rendaient impossible. Ils furent puissamment aidés par le Juge de paix, par les Frères de la Doctrine chrétienne, par M. *Leman*, vicaire de la paroisse, par le sapeur *Jospin*, et par un artilleur de Douai, qui, tous, se dévouèrent avec ardeur au sauvetage des maisons incendiées.

Les victimes, au cours de ce bombardement de quatre heures, furent : — *Henri Desfossez*, brigadier à la 4ᵉ batterie mobile de Cambrai, atteint mortellement d'une balle pendant son service sur les remparts ; — un jeune homme de dix-huit ans, *Bernard*, tué raide par une balle qui lui traversa la tête. Il y eut, en outre, dans les mobiles et les mobilisés, deux hommes tués et quatre blessés, dont l'un mourut des suites de ses blessures.

Le feu des assiégeants, qui, peu à peu, s'était ralenti, cessa tout à fait vers cinq heures du soir et les Allemands battirent subitement en retraite, emmenant, dit-on, avec eux, sept voitures de morts et de blessés. Leurs pertes durent, en tous cas, être assez sérieuses ; les casques et les fusils trouvés aux endroits qu'ils occupaient attestèrent les ravages faits dans leurs rangs par l'artillerie et l'infanterie de la place. Du reste, en rentrant au Cateau, les soldats murmuraient : « *Landrecies, petite ville meurtrière !* » L'entreprise des Prussiens avait échoué contre l'attitude énergique des défenseurs de la place.

Lorsque le bombardement cessa, le silence le plus profond régnait dans la ville, éclairée par la lueur sinistre de l'incendie ; aucune lumière ne brillait dans les faubourgs, où les habitants n'osaient rentrer, croyant à un piège, et persuadés que le feu recommencerait le lendemain.

Le maire, M. *Demoulin,* accompagné de quelques notables, se rendit, dans la soirée, auprès du commandant de place et lui exposa « que la plupart des habi-
« tants, sans abri, pourraient être tués ou blessés ;
« que les dégâts produits par un bombardement de
« quatre heures étaient considérables ; que, si le siège
« continuait, la ville était ruinée de fond en comble,
« et que la défense à outrance de cette place ne lui
« paraissait d'aucune utilité pour le salut de la patrie.
« Les sacrifices innombrables qu'une résistance plus
« longue occasionnerait à nos concitoyens, ajouta-t-il,
« ne seraient pas compensés par des résultats profi-

« tables à la défense nationale. Vous allez accumuler
« des ruines, et cela en pure perte. »

« — J'ai reçu ordre de défendre la place jusqu'à la
« dernière extrémité, répondit le commandant; nous
« irons tous aux remparts lorsque les ennemis auront
« fait une brèche. Au surplus, le général Faidherbe
« sera demain sous les murs de cette ville, avec une
« armée de secours. »

Le lendemain, aucun soldat français n'apparut.
L'armée du Nord continuait à se reformer, et Landrecies resta exposée, sans secours, à une nouvelle
attaque et à un siège régulier. Les soldats de la garnison passèrent la nuit sur les remparts, se préparant,
avec la plus grande activité, à repousser l'ennemi s'il
se présentait. Les Allemands ne vinrent pas : ils
avaient levé le siège ; dans la matinée, cependant,
trente-cinq des leurs parcoururent l'un des faubourgs
de la ville, et disparurent aussitôt, regagnant leurs
cantonnements ; avant leur départ, ils détruisirent le
chemin de fer de Landrecies à Maubeuge et au
Quesnoy.

Par sa défense vigoureuse, par sa résistance énergique, Landrecies avait brillamment soutenu sa réputation ; elle avait arrêté l'invasion vers le Nord-Est,
préservé toute la contrée des réquisitions onéreuses
de l'ennemi, qui dut abandonner le département du
Nord, lorsque l'armistice vint fixer la ligne de démar-
cation entre les armées belligérantes.

Six cents obus environ avaient été lancés sur la
ville, dont la partie haute, surtout, souffrit du bombar-

dement ; soixante maisons s'étaient abîmées sous les projectiles. Un certain nombre d'habitants avaient été requis pour aider les Prussiens à enlever et transporter leurs morts et leurs blessés. Les ravages furent évalués à *quatre cent mille* francs environ, chiffre énorme, eu égard au peu de temps que dura le bombardement. La ville aurait certainement pu être détruite, si l'une des batteries de l'ennemi eût eu plus de précision dans son tir. Les Allemands furent surpris d'une résistance qu'ils ne s'attendaient pas à rencontrer devant une place aussi faiblement occupée.

Sept jours après le bombardement de Landrecies, Paris capitulait. Les habitants furent frappés de cette coïncidence, et se souvinrent que, le 20 mars 1814, les Prussiens avaient attaqué sans succès Landrecies, et que, peu de jours après, Paris avait ouvert ses portes aux Alliés. La capitulation de Paris, en 1814, avait mis fin aux guerres de la République et de l'Empire, comme la même capitulation, en 1871, mit fin à la guerre franco-allemande.

De toutes les villes fortes assiégées et bombardées pendant la guerre, Landrecies fut la seule, avec la petite forteresse de Bitche, dont nous avons raconté précédemment la longue et vaillante défense, et Belfort, dont nous allons parler plus loin, qui ne tomba pas au pouvoir des Allemands. Sa courte mais vigoureuse résistance la préserva de la honte, des tristesses et des dommages matériels qui accompagnèrent ailleurs l'occupation étrangère. Les fortifications, seules épargnées par les Prussiens, contrairement aux lois de la guerre, n'avaient éprouvé aucun dégât ; elles restèrent debout, alors que les édifices publics et un grand nombre de maisons particulières ne formaient plus qu'un monceau de décombres.

Le maréchal-des-logis-chef *Capliez*, de la 4e batterie mobile, qui s'était distingué sous le feu de l'ennemi, se vit décoré de la médaille militaire : ce fut la seule récompense accordée aux défenseurs de Landrecies.

Cette place fit son devoir, et ses habitants ont le droit d'en être fiers et de le dire hautement ; mais ils doivent aussi une gratitude profonde aux défenseurs qui leur valurent cet honneur. Certes, on ne peut prévoir ce qui serait arrivé, si l'armistice ne fût survenu ; mais il est permis de supposer que le dévouement et le patriotisme de tous auraient achevé l'œuvre si heureusement commencée. Landrecies n'aurait pas failli aux glorieuses traditions de son passé.

BELFORT

L'existence de Belfort ne paraît pas antérieure au XIIe siècle.

Cette ville dépendit longtemps du comté de *Ferrette*, dont les seigneurs étaient de puissants feudataires de l'Alsace. Elle prit naissance au pied d'une tour construite au XIe siècle.

Sa population, qui, dès l'origine, était assez considérable, fut affranchie et obtint, en 1307, le droit d'élire ses magistrats.

L'église Saint-Christophe, appelée vulgairement *La Brasse*, et située dans le faubourg, près du cimetière, remonte à cette époque.

A partir de 1324, Belfort fit partie de l'Alsace, tout en conservant ses anciens privilèges. Son château, d'abord gardé par les paysans, reçut une garnison permanente.

Pendant la guerre de Trente Ans, la ville eut à subir toutes les horreurs de l'invasion. Elle fut reprise à deux fois par les Suédois.

En 1636, *la Suze* vint prendre possession du château de Belfort, au nom du roi de France. Mais, après le traité de Westphalie, le gouverneur profita de la minorité de Louis XIV pour trahir la France. En 1654, le maréchal de la Ferté le fit rentrer dans le devoir.

Belfort fut donnée en 1659 par Louis XIV à Mazarin, ainsi que les seigneuries de Ferrette, d'Altkirch et de Thann. Les Valentinois, héritiers de Mazarin, la possédèrent jusqu'en 1789.

Comme place de guerre, Belfort occupe depuis 1686 un rang fort important. Vauban, tout en conservant le vieux château, l'entoura d'un pentagone irrégulier, flanqué de tours casematées.

Les troupes alliées bloquèrent la place en 1814 et en 1815; c'est sous ses murs que le général *Lecourbe* effectua sa belle retraite. Malgré l'infériorité de ses forces, avec une poignée de soldats presque sans vivres, Lecourbe put se maintenir, soutenu par le courageux patriotisme des Belfortains, dans le camp retranché établi sous la place.

Après 1815, le génie militaire exécuta des travaux considérables à Belfort. La route d'Alsace fut fermée par le fort de la *Justice,* et par celui de la *Miotte,* réputé imprenable. Ces deux forteresses, bâties sur le roc et sur des escarpements élevés, forment l'entrée du camp retranché. Elles communiquent, par un long chemin couvert, avec la citadelle, dont les murs de grès rouge semblent faire corps avec les rochers qui commandent la ville au sud-est.

Les magasins et les casernes, voûtés, sont à l'abri de la bombe.

Belfort, dont les murs sont baignés par la Savoureuse, petite rivière alimentée par les neiges des Vosges, est donc, sous le rapport militaire, une des places les plus importantes de la frontière. Elle défend la trouée qui porte son nom, et par laquelle on peut pénétrer dans le bassin de la Seine, et arriver jusqu'à Paris.

Si les Allemands ne portèrent que tardivement leurs efforts sur cette sentinelle de l'une des portes de la France, sur cette forteresse maîtresse de la fameuse trouée qui s'ouvre entre les Vosges et le Jura, c'est qu'ils possédaient toutes les autres.

A l'étroit dans sa triple enceinte, ouverte au monde extérieur par deux portes seulement, obligée de se conformer à tous les règlements du génie militaire, Belfort n'a presque pas d'industrie.

Cette place pouvait être un point d'appui précieux pour toutes les opérations qu'on voudrait entreprendre dans la région de l'est ; la mettre à l'abri d'une catastrophe était une nécessité de premier ordre. On n'y avait pas songé avec assez de suite depuis plusieurs années.

En 1870, Belfort ne s'en montra pas moins digne, par son héroïque défense, de tenir entre ses mains l'une des clefs de la France.

Vers la fin de juillet, il se produisit un grand mouvement dans la ville : des troupes nombreuses passaient, se dirigeant sur Strasbourg. Les habitants de la patriotique cité fêtèrent nos soldats. Des secours de toute nature furent distribués à ces fiers régiments, que l'on espérait revoir bientôt, couverts des lauriers de la victoire.

La nouvelle de nos premiers désastres vint tout à coup terrifier la population, d'abord si confiante dans le succès de nos armes. On évoqua les souvenirs de 1814, et, tout en se préparant pour une résistance énergique, on se préoccupa immédiatement de mettre à l'abri des horreurs d'un siège les vieillards, les femmes et les enfants.

Le général Félix Douay, pendant son court séjour à Belfort, dans les premiers jours du mois d'août, avait activé autant que possible la mise en état de défense de la forteresse. Le général *Doutrelaine*, l'intelligent et laborieux chef du génie du 7° corps, avait tracé le plan des ouvrages à construire, aidé dans sa tâche par le commandant *Denfert-Rochereau* qui, depuis plusieurs années déjà, remplissait les fonctions de chef de génie de la place dont aucun détail de terrain et de fortification ne lui était inconnu.

Le corps du général Douay, obligé de battre en retraite, après un tentative infructueuse sur Strasbourg, avait quitté la ville pour se diriger sur Châlons et Sedan.

Pendant cette première période, le commandement de la place passa successivement entre les mains des généraux *de Chargère, Cambriels* et *Crouzat.*

Ce dernier ayant été appelé à Besançon, la défense fut confiée (19 octobre) au lieutenant-colonel *Denfert-Rochereau,* récemment promu.

Pierre Denfert-Rochereau, né à Saint-Maixent (Deux-Sèvres), le 11 janvier 1823, était un ancien élève de l'Ecole Polytechnique et de l'Ecole d'application de Metz. Il fit en 1855-1856, en qualité de lieutenant du génie, la campagne de Russie, et s'y distingua par son intrépidité et son audace ; il reçut à la prise du Mamelon-Vert deux blessures qui le mirent hors de combat. Nommé professeur à l'Ecole d'application, il fut ensuite envoyé comme capitaine en Algérie, puis comme commandant du génie à Belfort, où il devait construire trois forts, les Hautes et les Basses Perches, et les Banes. Il achevait à peine ces travaux, quand la guerre de 1870 éclata.

Le colonel Denfert, en prenant possession de son commandement, adressa aux Belfortains une proclamation qu'il terminait ainsi :

« Dans la situation où nous sommes tous, citoyens
« et soldats, nous n'avons qu'un devoir : Vaincre ou
« mourir. Ce fut la devise de nos pères, en 1792, et
« ce doit être aussi la nôtre. J'ai pu apprécier, à

« plusieurs reprises, le patriotisme des citoyens de
« Belfort, et je crois que la France peut compter sur
« leur dévouement absolu à la Patrie et à la Répu-
« blique. »

Denfert fut énergiquement secondé par les capitaines
du génie *Thiers, Brunetot, Degombert,* le capitaine
d'artillerie *de la Laurencie,* qui, comme lui, était
attaché depuis longtemps à la place et la connaissait
dans ses plus minutieux détails.

La chute de Strasbourg (27 septembre 1870) et la
capitulation de Metz (27 octobre) causèrent à Belfort
l'émotion la plus vive ; les heures d'épreuves allaient
sonner. En effet, le 3 novembre, l'ennemi commençait
l'investissement.

Les bruits alarmants du dehors, les défaillances et
les fâcheux exemples dont on parlait en ville, les
désastres qui accablaient l'armée française, n'in-
quiétèrent nullement les défenseurs de la place.

L'enceinte bastionnée construite par Vauban est
dominée au sud-est par un rocher escarpé, au sommet
duquel se trouve le *Château.* Sur le front nord s'é-
tend un vaste camp retranché, défendu par les maré-
cages de la Savoureuse et par l'étang de la Forge. La
place est gardée à l'est par les forts de la *Miotte* et de
la *Justice ;* à l'ouest, par ceux des *Barres* et de *Bellevue.* Trois de ces forts étaient encore inachevés au
moment de la déclaration de guerre.

La garnison, composée d'éléments divers, comprenait au 3 novembre 16.200 hommes. L'armée régulière
y était représentée par un bataillon du 84ᵉ de ligne,

un bataillon et le dépôt du 45e, 5 demi-batteries d'artillerie et une demi-compagnie du génie. La garde mobile, venue un peu de toutes parts, se composait d'une compagnie du génie, 5 batteries d'artillerie, 8 bataillons et 10 compagnies d'infanterie. Il y avait en outre 3 compagnies de mobilisés, 390 gardes nationaux sédentaires, 100 douaniers et quelques cavaliers.

L'armement, au jour de l'investissement, était de 370 canons, mortiers et obusiers, dont plus de la moitié à âme lisse. L'arsenal renfermait 82.000 projectiles rayés de 4, de 12 et de 24, 110.000 projectiles pleins de 12 et de 16, 28.000 bombes de calibres divers, 60.000 obus sphériques, 10.000 grenades, 4.000 boîtes à mitraille, 37.000 kilogr. de poudre et 500.000 cartouches.

Il s'y trouvait même des boulets du temps de Vauban qui furent, il est vrai, d'un médiocre usage.

L'approvisionnement en vivres paraissait suffisant pour trois mois. Sous ce rapport on n'était donc pas pris au dépourvu.

Les hôpitaux et les ambulances pouvaient répondre aux nécessités du moment.

Beaucoup d'habitants, deux mille environ, quittèrent la ville dans le courant du mois de novembre.

Pendant ce temps, on poussa activement les travaux de défense. On arma les forts avec le plus grand soin ; on construisit des appareils pour projeter la lumière électrique sur les travaux de l'ennemi ; on installa dans la place une fonderie qui rendit de grands services ; puis, on fit rentrer dans la place les détachements qui gardaient les routes de la Haute-Alsace, et l'on pressa l'instruction militaire des jeunes troupes que l'on aguerrit par des reconnaissances quotidiennes.

Dans la journée du 4 novembre, le général de Treskow, arrivé de la veille, envoya un parlementaire, porteur d'une lettre dans laquelle le commandant Denfert était invité à examiner si son devoir et sa conscience ne lui permettraient pas de livrer immédiatement Belfort, pour « épargner, autant que possible, « à la population du pays, les horreurs d'un siège. »

Le gouverneur de la place fit une réponse à la fois spirituelle, ferme et très digne. Il disait, en terminant : « Nous nous attendons, général, à toutes les violences « que vous jugerez nécessaires pour arriver à votre « but ; mais nous connaissons aussi l'étendue de nos « devoirs envers la France et envers la République, et « nous sommes décidés à les remplir. »

L'ennemi tenta ensuite d'établir ses batteries sur les hauteurs boisées qui environnent la ville.

Le feu de la place fit tous ses efforts pour entraver les travaux, et causa des pertes sérieuses à l'armée assiégeante.

La démoralisation était grande parmi les soldats prussiens. Un régiment fut même renvoyé en Allemagne (1).

Il est vrai de dire que les défenseurs eux-mêmes

(1) Les cadavres allemands s'amoncelaient en effet autour des murailles de Belfort. C'est par centaines que se comptaient les victimes de telle ou telle attaque ; et un coin de terre où les bataillons ennemis s'engouffraient en pure perte avait même reçu le nom sinistre de *Trou de la mort*.

ne furent pas exempts de pareilles misères. De jeunes soldats improvisés se démoralisaient facilement, se soumettant avec peine aux travaux et aux souffrances de la vie de siège. Il fut d'abord difficile d'établir une discipline en rapport avec les nécessités des circonstances. Comme un incendie s'était allumé à la redoute de Bellevue, on n'obtint rien des mobiles, qui se couchèrent sur la neige pendant le péril.

Le 6, le 7 et le 10 novembre, de nouveaux parlementaires firent leur apparition. Denfert les fit reconduire, sans satisfaire à aucune de leurs demandes, et prévint en même temps le général de Treskow que tout envoyé allemand qui se présenterait par une porte autre que celle du Vallon, serait traité comme ennemi.

Deux sorties furent tentées le 10 et le 16 novembre, l'une sur Chatonvillars et l'autre sur Bessoncourt ; mais elles n'eurent pas de succès, bien que vigoureusement soutenues par le canon de la place. Nous perdîmes en cette occasion trois officiers : M. *de Lanoir*, commandant du 2ᵉ bataillon de la mobile de la Haute-Saône, et les capitaines *Perret* et *de Nerbonne*.

Les Allemands leur rendirent les honneurs militaires. Lorsqu'on procéda à leur inhumation, leurs troupes, en grande tenue, défilèrent devant les cercueils que l'ennemi avait décorés de fleurs.

A la suite de ces rencontres, le colonel Denfert organisa des compagnies franches, qui parcoururent les environs de la place.

Le 24 novembre, divers engagements eurent lieu

sur la lisière du Mont, où les Prussiens pouvaient essayer de s'établir. L'état déplorable du terrain, couvert d'une boue glissante, empêcha le succès de cette sortie.

Après onze jours de campement dans cette boue, que des tempêtes de neige continuelles rendaient encore plus humide, les mobiles rentrèrent, démoralisés, apportant avec eux le germe des maladies qui devaient plus tard faire un si grand nombre de victimes.

Les Allemands, dont les forces dépassaient de beaucoup les nôtres, tenaient à occuper le Mont, position très importante pour eux, parce qu'il était à proximité de la route de Paris.

Ce même jour, l'ennemi lança ses premiers obus sur Belfort ; ils ne firent que des dégâts de peu d'importance. Le fort des Barres, également attaqué, riposta vigoureusement.

A partir du 25 novembre, plusieurs reconnaissances furent ordonnées, pour inquiéter les travaux de l'assiégeant, qui commençait à installer sérieusement ses batteries.

Le feu de la place força les Allemands à évacuer le village de Stevenans, où ils avaient établi leur état-major.

Mais les avant-postes français durent se replier successivement, à mesure que leurs adversaires s'avançaient.

A cette époque, Bitche et Belfort étaient les seules places encore debout.

II

Le feu régulier commence. — Les mobiles et les incendies. — Violence
du bombardement. — Les délégués suisses. — Les femmes de Belfort.
— La vieille Louisette. — Sa mort. — Combat de Daujoutin. —
Mort du capitaine Degombert. — L'argent manque. — Désintéressement des fonctionnaires et des officiers. — On attend l'armée de Bourbaki. — Nouvelles sorties. — Explosion de la poudrière. — Mort du
lieutenant Simotel. — Prise du village de Péruse. — Mort du capitaine Journet. — Belfort est excepté de la convention. — Emotion des
habitants. — Nombreux incendies. — Mission des capitaines Châtel
et Krafft. — Télégramme du gouvernement. — La capitulation. —
La garnison quitte la ville avec les honneurs militaires. — Douleur
des habitants. — Aspect de la ville. — Projectiles tombés sur la ville.
— Pertes des Français. — L'occupation allemande. — Le lion de
Belfort.

Le 3 décembre, à sept heures du matin, l'ennemi,
solidement posté sur les hauteurs voisines, lança ses
premiers projectiles. Le Château fut principalement
atteint ; on put cependant éteindre les incendies. Un
bataillon de mobiles (celui auquel nous avons fait
allusion plus haut), qui avait refusé son concours, fut
licencié ; ses officiers, dégradés, durent reprendre
du service comme simples soldats.

La population civile, dès ce jour, commença à se
réfugier dans les caves.

Le bombardement continua ainsi jusqu'au 8 janvier
1871. Plusieurs habitants et soldats furent tués ou
blessés, et de nombreux incendies se déclarèrent en
ville. L'attaque devenait des plus violentes : du 3 au
20 décembre, plus de cinquante mille projectiles
avaient été lancés sur les forts et sur la place, qui ne
cessa de riposter.

Le 17 décembre, des délégués de la Confédération helvétique demandèrent « l'autorisation de soustraire « aux horreurs du siège les femmes, les enfants et les « vieillards de la ville de Belfort. »

Cette proposition, acceptée par le colonel Denfert, fut transmise au général de Treskow, qui resta silencieux.

Disons-le hautement, à la louange des femmes de Belfort, fières de partager les dangers de leurs frères et de leurs époux : ce fut avec un sentiment de joie orgueilleuse qu'elles apprirent l'insuccès des négociations.

Une de ces femmes, connue à Belfort et dans toute la région sous le nom de « la vieille Louisette », est morte à Luxeuil en 1888.

Pendant l'hiver de *l'année terrible,* alors que Belfort était investi, on la vit, pour avoir des nouvelles de son fils, mort depuis au service de la France, percer les lignes allemandes, porter des correspondances à nos mobiles et rapporter les leurs. Plus de dix fois, elle risqua sa vie à ce travail périlleux.

Un jour, entre autres, elle fut poursuivie, arrêtée, entraînée devant un *haupmann,* qui, plus humain, la relâcha.

Aussi, à Belfort comme à Luxeuil, était-ce une bonne fortune de voir arriver la brave Louisette, qui rétablissait la vérité de toutes les dépêches prussiennes, et apportait, tantôt la joie avec l'espoir, tantôt le chagrin avec la défaite.

Afin de reconnaître le patriotisme de cette intrépide

femme, la municipalité de Luxeuil lui accorda la concession perpétuelle d'un terrain, à côté de l'emplacement où reposent les soldats français morts pour la patrie en 1870-1871. Son cercueil fut accompagné au cimetière par les anciens mobiles et par tous les citoyens pour qui le dévouement n'est pas un vain mot.

Un monument modeste, produit d'une collecte, indique la place où repose la patriotique Louisette.

Dans la nuit du 8 janvier 1871, sept compagnies des troupes de la garnison tentèrent de défendre le village de Daujoutin, attaqué vigoureusement par les Prussiens. Toute la nuit, la fusillade et le canon de la place répondirent sans relâche au feu des assiégeants. Mais les troupes, malgré leur résistance désespérée, ne purent empêcher l'ennemi d'occuper le village. Les défenseurs de Daujoutin laissèrent, dans cette déplorable affaire, 60 officiers et 700 soldats au pouvoir des Prussiens, qui ne perdirent que 90 combattants.

Le capitaine du génie *Degombert,* un des meilleurs officiers de la garnison, fut tué sur le pont du chemin de fer, près de Daujoutin, en marchant à la tête de quelques hommes du 45°.

Cet échec jeta une certaine démoralisation dans la ville et dans la garnison.

A cette époque, le corps des assiégeants fut renforcé et atteignit dès lors un effectif de 24 à 25.000 hommes.

Cette disproportion entre les forces ennemies et celles de la place (trois contre un) décida le commandant supérieur à réduire son action à la défensive.

Ces soixante jours de siège avaient aguerri les troupes, et la population se résignait patiemment et avec une grande fermeté aux souffrances qu'elle avait encore en perspective.

Mais l'argent manquait, ainsi que les projectiles.

Les agents civils et les officiers demandèrent qu'on suspendît leur paye jusqu'à des temps meilleurs. On dut, pour faire face aux dépenses les plus urgentes, créer un papier-monnaie qui prit le nom de *bons de siège*.

A cette époque, le bruit se répandit à Belfort que l'armée de Bourbaki, victorieuse à Villersexel, venait au secours de la place. Le canon, qui se rapprochait de plus en plus, semblait confirmer ces rumeurs ; mais bientôt l'illusion cessa. La joie du premier moment se changea tout à coup en une morne tristesse..... C'était la lugubre retraite de Bourbaki qui commençait.

Le 15 et le 17 janvier, deux sorties furent ordonnées ; mais elles n'amenèrent aucun résultat sérieux.

Le bombardement, qui s'était ralenti, recommença le 17 avec plus d'intensité, et alluma de nouveaux et nombreux incendies en ville.

Le 20, un obus provoqua l'explosion de la poudrière du Château. 26 artilleurs furent tués ou blessés. Le lieutenant *Simotel*, de Colmar, eut les deux cuisses emportées par un obus, pendant qu'il portait secours aux blessés ; il mourut le lendemain à l'hôpital.

Durant la nuit du 24 au 25, l'ennemi s'empara du village de Péruse, qui flanquait la gauche du fort de

Perches. La possession de ce village, occupé seulement par une faible garnison, était de la plus haute importance pour les Allemands. Elle leur permettait de se maintenir, sans grands dangers, sous le feu des forts. Ils y établirent des batteries qui occasionnèrent de sérieux dégâts dans Belfort.

Les succès de Daujoutin et de Péruse avaient enhardi l'ennemi. Le 26, il tenta d'enlever de vive force le fort de Perches. Mais cette attaque ne réussit pas. Les Prussiens y perdirent environ 600 hommes ; on leur fit 227 prisonniers, parmi lesquels 4 officiers. Les Français eurent à déplorer la mort du capitaine du génie *Journet*, officier aussi brave qu'intelligent.

Sur la demande des Prussiens, un armistice d'une heure fut accordé pour leur permettre d'enterrer leurs morts.

Depuis quelques jours, le bruit de la capitulation de Paris s'était répandu en ville ; elle y causa la plus vive émotion. Lorsqu'on apprit que la zone où se trouvait Belfort était exceptée de la convention concernant la capitale et les localités envahies, cette émotion grandit, et le moral des habitants et de la garnison fut fortement impressionné. Ces bruits se virent bientôt confirmés par deux dames qui, après avoir inutilement tenté de franchir les lignes prussiennes, avaient été obligées de rentrer en ville.

« Par la convention du 28 janvier, le négociateur
« prussien s'était, en effet, réservé le privilège mons-
« trueux, après que le reste de la France avait mis bas
« les armes, d'écraser, sous les forces réunies de

« l'Allemagne, l'héroïque place de Belfort qui résistait
« encore. Oui, quinze jours durant, on a pu voir, grâce
« à la convention du 28 janvier, cent mille Allemands
« s'acharner contre une petite garnison de dix mille
« hommes et son vaillant commandant, le colonel
« Denfert-Rochereau, tandis que, partout ailleurs, les
« hostilités ayant cessé, la France était obligée d'assis-
« ter impassible à ce spectacle (1). »

La population ne pouvait s'expliquer cet abandon de la part du gouvernement français.

De nombreux incendies se déclaraient sur tous les points de la cité. L'hôtel de ville, le théâtre menaçaient ruine. L'école de filles était dévorée par les flammes. L'ennemi, furieux d'une si longue résistance, tentait, par son tir, dirigé de préférence sur les bâtiments enflammés, d'éloigner les travailleurs qui combattaient le fléau.

Un nombre considérable d'habitants et de soldats étaient tués ou blessés mortellement ; d'autres mouraient, par suite de violentes émotions, ou des germes de maladies contractées sous des abris insalubres.

Le colonel Denfert, inquiet sur le sort définitif réservé à Belfort, résolut d'envoyer un parlementaire au général de Treskow, afin d'obtenir un sauf-conduit pour le capitaine d'état-major *Châtel*. Cette démarche fut acceptée. Le capitaine partit pour la Suisse, afin de se mettre en rapport avec le gouvernement français, et lui demander des instructions (5 février 1871).

(1) *La guerre en province*, par M. de Freycinet.

Le colonel annonça ce départ, afin de calmer les inquiétudes de la population : celle-ci reprit courage.

Puis il délégua le capitaine du génie *Krafft* pour proposer au chef de l'armée allemande une simple suspension d'armes, en attendant l'avis du gouvernement français.

Le capitaine ne rentra à Belfort que le 13 février ; le Gouverneur fit aussitôt publier une communication signée d'Ernest Picard, ministre des affaires étrangères, et de M. de Bismarck. Elle était ainsi conçue :
« Le Commandant de Belfort est autorisé, vu les cir-
« constances, à consentir à la reddition de la place.

« La garnison sortira avec les honneurs de la guerre,
« et emportera les archives de la place ; elle ralliera
« le poste français le plus voisin. »

Le Ministre de la guerre (général Le Flô) confirmait, le 15, ce télégramme, et terminait ainsi sa lettre :

« Recevez, Colonel, pour vous et vos braves soldats,
« l'expression de ma douloureuse et bien ardente
« sympathie ; et soyez auprès de la patriotique popu-
« lation de Belfort l'interprète des sentiments de re-
« connaissance et d'admiration des membres du gou-
« vernement et de la France entière. »

Le colonel Denfert fit alors prévenir le général prussien qu'il était prêt à lui rendre la place, aux conditions indiquées.

Le commandant *Chapoulot* et le capitaine *Krafft* furent désignés pour arrêter les clauses de la capitulation, dont les deux premiers articles méritent d'être cités :

1° « Le colonel Denfert, sur l'autorisation qui lui a été

« donnée, vu les circonstances, par le gouvernement
« français, remet au lieutenant-général de Treskow la
« place avec ses forts ;

2° « La garnison, en raison de sa valeureuse défense,
« sortira librement, avec les honneurs de la guerre, et
« elle emmènera les aigles, drapeaux, armes, chevaux,
« équipages et appareils de télégraphie militaire qui
« lui appartiennent spécialement, ainsi que les baga-
« ges des officiers et ceux des soldats, et enfin les
« archives de la place. » . . . .

. . . .

Il fut imposé par les négociateurs français que les
mots « honneurs militaires » devaient s'entendre, ici,
comme dispense de l'obligation de défiler devant
l'armée ennemie.

Le 17 et le 18 février, la garnison quittait Belfort en
huit colonnes, emmenant avec elle les archives, le
matériel de télégraphie militaire et quelques canons
de campagne enlevés aux Allemands.

Le 18, à midi, les troupes prussiennes entraient en
ville ; et, après une cérémonie religieuse, le drapeau
noir et blanc de la Prusse était arboré sur la caserne.

Les Allemands trouvèrent dans la place 341 bouches
à feu, 356 affûts, 2.200 fusils et une grande quantité
de munitions et de vivres.

Les Belfortains assistèrent, le cœur brisé, au départ
de nos troupes. Restés seuls, au milieu de ruines
encore fumantes, entourés de soldats étrangers qui
contemplaient ce triste spectacle avec une joie ironi-
que, ils se demandaient avec anxiété quel serait leur

lendemain. Cette brave population avait supporté avec un stoïque héroïsme les souffrances du siège et du bombardement ; mais elle ne pouvait se faire à la pensée que, dans quelques jours, peut-être, elle serait incorporée à cette Allemagne qui lui était si odieuse.

On put alors se rendre compte de l'horrible réalité.

Dans quel état lamentable était la ville ! « Le cœur « se serre, disait un témoin, à l'aspect de ces maisons « sans toiture, dégarnies de fenêtres, lézardées ; de « ces murailles écroulées. Partout, on ne voit que bou- « lets, éclats d'obus, et même des projectiles qui n'ont « pas fait explosion. »

On évalue, sans exagération, à 500.000 le nombre des projectiles tirés par l'ennemi pendant toute la durée du bombardement. Il y en eut de lancés jusqu'à 12.000 dans une journée. La place en avait envoyé 80.000.

Les Allemands, après l'occupation, vendirent 10.000 kilos de fonte.

Strasbourg, fameuse par ses malheurs, sur une superficie dix fois moins grande que Belfort, avait reçu environ 150 à 200.000 projectiles, c'est-à-dire les deux cinquièmes.

L'église, qui paraissait servir de point de mire à l'ennemi, et 34 maisons étaient détruites par l'in- cendie ; 22 avaient été abattues par le génie militaire. Il n'y en avait pas une seule, dans l'intérieur de la ville, qui n'eût été plus ou moins atteinte. Les arbres des promenades publiques étaient brisés et mutilés. Au-dessus de cette scène de désolation, s'élevaient, fièrement couvertes de cicatrices et de nobles blessures, la vieille forteresse et la tour de la Miotte.

Les villages voisins eurent aussi leur part des dangers et des souffrances; on compta 164 maisons incendiées, soit par le feu de la place, soit par celui des Allemands.

La garnison déplorait la perte de 32 officiers et 4.713 soldats. 50 avaient été tués par le feu de l'ennemi; un nombre considérable moururent de la variole et de la fièvre typhoïde. Les décès, pour la population civile, furent de 252, du 1er novembre 1870 au 18 février 1871.

Le colonel de Scheliha fut nommé gouverneur de Belfort, puis remplacé, un peu plus tard, par le colonel Kritter.

5.000 Prussiens prirent possession de la ville et s'installèrent dans les casernes et dans les maisons à demi effondrées. Quand ils arrivèrent, musique en tête, les habitants de la courageuse cité fermèrent hermétiquement leurs fenêtres. Pas un citoyen ne voulut être témoin de ce spectacle.

Beaucoup avaient tout perdu. Leurs demeures étaient à moitié détruites; leur fortune, gravement compromise; le deuil avait pénétré dans de nombreuses familles; mais tous conservaient leur honneur et leur nationalité. Ils restaient les enfants de la France et appelaient de tous leurs vœux le jour béni où le drapeau tricolore viendrait remplacer ce lugubre étendard allemand qui flottait sur la forteresse, et dont la vue leur arrachait des larmes de douleur et de rage.

Le lieutenant-colonel Scheliha publia, dès le 18 février, une ordonnance annonçant la prise de possession de son commandement et prescrivant des mesures draconiennes qui furent, pour les habitants, la cause de nouvelles souffrances morales et matérielles.

Cependant les préoccupations de la population de Belfort ne pouvaient lui faire oublier ce qu'elle devait à la Suisse. Les délégués de cette généreuse nation avaient, par deux fois, sollicité l'autorisation d'offrir l'hospitalité aux vieillards, aux femmes et aux enfants de la ville. En outre, des secours abondants avaient été recueillis par ces voisins pitoyables pour venir en aide à la cité et aux campagnes environnantes.

Le Conseil municipal, interprète des sentiments de toute la population, prit, le 25 mars 1871, une délibération dans laquelle il exprimait les sentiments de reconnaissance des habitants pour les Suisses « qui « avaient rendu de si grands services à la ville et qui « avaient su, dans de douloureuses circonstances, « multiplier les preuves de leur sympathie. »

Ce témoignage public de profonde gratitude fut adressé à notre ambassadeur à Berne, qui le transmit au gouvernement fédéral, en y joignant l'expression des sentiments de reconnaissance de toute la France.

Belfort était, il est vrai, momentanément sous la main de l'étranger ; mais la vaillante petite cité devait, du moins, recevoir la récompense de son héroïsme.

La défaite de nos armées avait détruit nos espérances suprêmes, brisé les courages les plus solides ;

mais si nos soldats étaient morts en vain sur les champs de bataille de Sedan, de Gravelotte et de Champigny, ceux qui dormaient dans les fossés de Belfort n'avaient pas versé inutilement leur sang ; ils conservèrent à la France son boulevard le plus sûr, après avoir, en ces temps difficiles, su maintenir intact le vieil honneur de la Patrie.

Dans la séance du 3 mai 1871, les intérêts de Belfort et de son territoire furent discutés par l'Assemblée nationale, et les limites en furent définitivement arrêtées.

On sait les efforts que fit M. *Thiers* pour conserver Belfort à la France. Il tenait à cette place comme à la dernière image de notre intégrité, comme à une suprême garantie d'indépendance. A la ténacité de M. de Bismarck, il opposa la ténacité du malheur.

En échange d'un district de la Lorraine, Belfort fut rendu à la France. Mais la plus grande partie de son arrondissement resta entre les mains des vainqueurs.

Malgré cette cruelle mutilation, Belfort, par sa position entre le Ballon d'Alsace et le Jura, garde encore une importance stratégique de premier ordre. Avec une zone suffisante, cette place peut être utilisée comme citadelle de défense et camp d'attaque. On arrive ainsi à fermer absolument l'une des entrées de la France, à la condition d'être appuyé au sud par une force armée opérant autour de Montbéliard.

Quoi qu'il en soit, le siège de Belfort est une glorieuse page de notre histoire militaire et il méritait d'être consacré par une grande œuvre artistique.

M. Bartholdi, l'illustre sculpteur (1), se chargea de glorifier cette défense héroïque. Inspiré par les malheurs de sa patrie, il trouva dans son cœur de patriote et d'Alsacien des impressions fortes et élevées ; sur les flancs mêmes de la citadelle, toute meurtrie par les obus prussiens, il dressa un lion gigantesque qui rappelle la grande lutte, et qui semble défier l'ennemi.

> Ce n'est point vice, mais vertu,
> D'attendre quand l'espoir demeure ;
> Le lion n'est pas abattu :
> Calme, à Belfort, il attend l'heure,

dirons-nous en terminant, avec M. Leriboullet, le poète alsacien.

(1) Né à Colmar.

TABLE DES MATIÈRES

Bar-le-Duc. — Impr. de l'Œuvre de Saint-Paul — 577,93.